현대 정치의 원형

아리스토텔레스의 『정치학』 읽기

세창명저산책_076

아리스토텔레스의 『정치학』 읽기

초판 1쇄 인쇄 2020년 11월 13일
초판 1쇄 발행 2020년 11월 20일

—

지은이 주광순
펴낸이 이방원
기획위원 원당희
편 집 정조연·김명희·안효희·정우경·송원빈·최선희·조상희
디자인 손경화·박혜옥·양혜진   **영 업** 최성수   **마케팅** 이예희

—

펴낸곳 세창미디어

　　　신고번호 제312-2013-000002호   **주소** 03735 서울시 서대문구 경기대로 88 냉천빌딩 4층
　　　전화 723-8660   **팩스** 720-4579   **이메일** edit@sechangpub.co.kr   **홈페이지** http://www.sechangpub.co.kr
　　　블로그 blog.naver.com/scpc1992   **페이스북** fb.me/Sechangofficial   **인스타그램** @sechang_official

—

ISBN   978-89-5586-635-3   02340

이 도서의 국립중앙도서관 출판예정도서목록(CIP)은 서지정보유통지원시스템 홈페이지(http://seoji.nl.go.kr)와
국가자료종합목록 구축시스템(http://kolis-net.nl.go.kr)에서 이용하실 수 있습니다.(CIP제어번호: CIP2020046974)

ARISTOTLE

세창명저산책_076

주광순 지음

현대 정치의 원형

아리스토텔레스의 『정치학』 읽기

세창미디어
MEDIA

이 책을 쓰면서 많은 고민이 있었다. 우선 초점을 저작 자체에 맞출 것인가 아니면 현재 우리에게 맞출 것인가 하는 고민이었다. 세창의 명저산책 시리즈가 세계의 고전을 소개하는 것이기 때문에 아리스토텔레스의 『정치학』을 아리스토텔레스가 생각하는 대로 소개하고자 하는 마음도 있었다. 그래서 고전 그 자체의 맛을 보고 그 향기를 느낄 수 있는 기회를 제공하고 싶었다. 그러나 다른 한편으로는 철학을 전공하지 않은 대학생 정도의 교양인들에게 소개해야 한다는 제약도 있었다. 즉 동양도 아니고 시대적으로도 현대로부터 아주 멀리 떨어진 고대 아테네에서 활동했던 학자의 저서를 있는 그대로 소개했다가는 현실과는 동떨어진 내용이 될까 두려운 것이다.

이를테면 당대에 생각하던 이상국가나 당대에 유행하던 정치체제들은 오늘날과 같은 민주주의 시대에 별로 의미가 없다. 예컨대 아리스토텔레스가 비판했던 플라톤의 철인왕哲人王[1]이나 혹은 당대의 현실이었던 참주정僭主政이나 과두정寡頭政 같은 것이 그럴 수 있다. 또한 그가 염두에 두고 있는 윤리학과 정치철학의 강한 결합은 마키아벨리 이후에는 우리의 정치적 사고를 방해하는 요소로 여겨지기도 한다. 더 나아가 인간과 국가에 대해서 각각 그 '본성physis'[2]이나 그 '목적telos' 같은 것을 묻는 것도 이제는 구시대의 형이상학이나 지배 이데올로기 같은 것으로 치부된다.

그러므로 필자는 아리스토텔레스에게만 머물지 않고 우리의 입장으로부터 고민하기로 결정했다. 물론 이렇게 하면 이 글에서 어디까지가 아리스토텔레스의 생각이고 어디서부터 필자의 생각인가 하는 문제가 생겨날 수밖에 없다. 그러나 아리스토텔레스의 『정치학』이라는 고전이 우리에게는 더 이상 쓸모없는

---

1   플라톤은 국가가 최선이 되기 위해서는 철학자가 지배해야 한다고 주장하였다.
2   이해를 돕기 위해서 원어를 표기한다. 여기처럼 이탤릭체로 표기하는 것은 대부분 고대 그리스 원어이다. 그러나 가끔은 고대 로마어일 경우도 있을 것이다. 그에 반해서 현대어인 영어, 독일어 등은 그냥 표기할 것이다.

것으로 치부되는 것보다는 우리의 방식으로라도 소화하는 것이 더 나으리라고 생각한다.

이 책에서 필자는 아리스토텔레스의 정치이론을 우리의 현실을 바탕으로 검토해 볼 것이다. 물론 그렇다 할지라도 우리의 현실에 맞추기 위해서 아리스토텔레스를 왜곡시키는 것은 가능한 한 피하려 한다. 다만, 그의 체계를 그 자체로 해명하는데에 노력하기보다 그의 정치사상이 현재 우리에게 어떠한 의미를 지닐 수 있는지에 초점을 맞추겠다는 것이다.

이러한 필자의 태도는 특히 그 당시의 형이상학적 전제나 독특한 시대적 상황에만 의미 있는 주장들은 다루지 않고 우리가 ─혹은 필자 개인이─ 흥미 있는 질문에 집중하게 된다는 결과를 낳았다. 특히 필자가 번역한 회페Otfried Höffe의 『우리 시대 철학자 아리스토텔레스』[3]의 태도와 방법에 많은 영향을 받았다는 점을 고백하고 싶다.

그는 아리스토텔레스를 이해함에 있어서 칸트와 홉스 등 근

───
3 오트프리트 회페, 주광순 번역, 『우리 시대 철학자 아리스토텔레스』, 서울: 시와 진실, 2019.

대의 철학자들과 그 방법, 개념, 주제 등을 많이 원용하였다. 이와 유사하게 필자도 아리스토텔레스 이해를 위해서 플라톤, 홉스, 베버, 아렌트를 많이 원용하였다. 그리고 원래 의도는 하지 않았지만 푸코도 제법 들어가게 되었다. 플라톤이야 아리스토텔레스의 스승으로서 그가 배우고 비판했던 친구이자 적수였으니 말할 것도 없다.

다른 현대인들은 정치학의 두 부류를 염두에 두고 들여왔다. 이상주의적인 부류인 아리스토텔레스의 짝으로는 아렌트를, 그와는 대척점에 서 있는 현실주의적인 부류로는 홉스와 베버를 들여와서 대조시켜 보았다. '정치가 실제로 무엇이냐'를 묻는 홉스와 베버는 '정치란 어떠해야 하느냐'고 묻는 아리스토텔레스나 아렌트와 여러 가지 면에서 차이를 드러낼 수밖에 없다. 대조의 방법은 언제나 이해에 도움이 될 것이다.

아리스토텔레스의 정치학에서 필자의 관심을 자극하는 것은 '정치'이다. 이 책은 정치의 본질에 관해서 아리스토텔레스와 씨름하면서 얻어 낸 결실이다. 필자가 정치에 대해서 질문하기 시작한 것은 우리나라에서 독재정권에 대한 저항이 한창이던 시기였다. 그래서 독일에서 필자는 석사학위 논문을 플라톤의 국가이론에 대해서 썼다. 노동과 재화의 분배 문제에 관하여 플라톤이 많은 고민을 하였기 때문이다. 그리고 국가 공동체가 인간이 살 만한 것이 되기 위해서는 산업 발전과 수출만이 아니라 정의가 필수적임을 인식하게 되었다.

그 뒤에 한국에 귀국해서 대학에서 연구하고 가르치면서 아리스토텔레스를 발견하고 나서야 비로소 플라톤의 정치 이론이 실은 '정치'가 아니라, 오히려 '지배'를 주제화하였다는 것을 발견했다. 비록 쾰른대학에 유학하면서 에른스트 폴라트Ernst Vollrath 교수로부터 '정치적인 것das Politische'에 관해서 많이 배웠음에도 불구하고 당시에는 제대로 평가할 능력을 갖추지 못했던 것이다.

필자가 생각하기에 서구에서 '정치'란 아리스토텔레스의 정치적 삶의 발견으로부터 출발한다. 자유롭고 평등한 시민들이 번갈아 가며 '지배하고 지배받는 것'이 정치이다. 이것은 민주주의가 일상화된 현재에서 보더라도 급진적이다. 왜냐하면 현대의 민주주의에서 시민은 투표만 하지, 지배하지는 않기 때문이다. 이러한 정치 개념이 극대화된 것이 바로 아렌트의 정치 혹은 '정치적인 것'이다. 이 점이 요즈음처럼 정치가 쇠퇴해서 공적 영역이 극히 축소된 시대에는 매우 흥미롭다. 이 작은 책자가 '정치'가 도대체 무엇이어야 하는가 하는 고민의 여행에 동반자가 되기를 희망한다.

이것은 2016년의 촛불혁명 그리고 촛불 정신에 대한 반성이기도 하다. 촛불혁명이 단순히 대통령의 부패나 실정에 저항한 혁명이 아니라 시민들이 정치적 객체에서 정치적 주체로 변모해 가는 과정이었다고 평가하고 싶기 때문이고, 아리스토텔레스는 '지배하고 또한 지배받는' 사람이 시민이라고 주장했기 때문이다. 평소에는 공적 사안에 관심도 별로 안 쓰다가 겨우 몇 년에 한 번씩 거대 양대 정당이 내놓은 사람 중 하나를 고르기나 하고, 사법권은 아예 검사나 판사 계층에게 맡겨 놓는 것은 지배받는 '국민'일 뿐, 지배받을 뿐 아니라 지배하기도 하는 '시민'은 아니기 때문이다.

| CONTENTS |

머리말 · 5

1장   아리스토텔레스의 생애와 저작 · 15

2장   인간: 정치적 존재 · 19
   1. 정치적 존재 · 19
   2. 홉스의 갈등적 존재 · 26
   3. '좋은 삶'으로서의 정치 · 32

3장   국가 · 55
   1. 근대국가 · 57
     1) 근대국가의 구성요소: 인구, 영토, 주권 · 57
     2) 베버: 근대국가의 합리성 · 61
   2. 아리스토텔레스의 폴리스 · 68
     1) 작고 친숙한 국가, 폴리스 · 68
     2) '최선'인 폴리스 · 72
   3. 아리스토텔레스 폴리스의 양면성 · 97

4장   정치 · 105

　1. 플라톤: 좋은 지배로서의 정치 · 106

　2. 아렌트: 정치적인 것 · 116

　3. 폴리스 내의 다수성의 발견 · 135

　　1) 다수성의 의미 · 135

　　2) 차이와 평등 · 144

　4. 아리스토텔레스: 좋은 삶의 실현으로서의 정치 · 150

　　1) 전제적인 지배와 정치적 지배의 이분법 · 151

　　2) 행위와 생산의 이분법 · 155

　　3) 단순한 생존과 좋은 삶의 이분법 · 160

　5. 폴리스의 전제조건인 언어 · 167

5장   혼합정과 정의 · 177

　1. 아리스토텔레스의 혼합정 · 180

　　1) 과격한 민주주의 · 183

2) 올바른 정체: 공공의 복지와 법치주의 · 187

3) 공화제적 자유국가인 혼합정 · 196

4) 다수 지배와 권력의 분리 · 201

2. 정의 · 207

6장   폴리스의 적극적인 통합력: 우정과 교육 · 223

1. 우정: 함께 살겠다는 선택 · 224

2. 인도주의적인 교육 · 239

맺음말 · 253

참고문헌 · 259

1장
아리스토텔레스의 생애와 저작

   아리스토텔레스는 기원전 384년에 그리스 북동부 트라키아 지방의 스타게이로스에서 출생하였고 그의 아버지 니코마코스는 마케도니아 궁정의 종신직 의사였다.[4] 그래서 그가 오랫동안 활동하였던 아테네에서 그는 시민이 아니라 '거류 외국인metic'으로 정치적 권리도 없이 세금만 내는 신세였다. 그는 기원전 367년 17세에 플라톤의 '아카데미'[5]로 유학 가서 20년 동안을 처

---

4 이 이하는 Otfried Höffe의 앞의 책 중에서 I.의 '1. 인물과 저작'을 참고하였다.
5 플라톤은 자신의 정치적 사상을 실제 정치에 적용하려다 실패한 후에 자신의 학교인 '아카데미'를 세워서 자신의 사상을 후배들에게 소개하였다. 이곳은 당시에 거의 유일한 유명한 학교였다.

음에는 학생으로 그리고 후에는 동료 강의자로 지냈다. 그 후 기원전 347년 플라톤이 사망한 후에 그의 조카인 스페우시포스가 아카데미 학장에 취임하고 정치적으로도 '마케도니아의 친구'라는 혐의를 받자 아리스토텔레스는 아테네를 떠났다. 그 후 12년 동안 '유랑의 기간'을 보내며 아카데미 동료였던 소아시아 아소스의 영주, 헤르미아스 집에서 거주하며 연구 활동을 하였다. 그 와중에 헤르미아스의 여동생(혹은 조카)인 피티아스와 결혼하고 딸과 아들을 얻었다. 그 후에 마케도니아의 왕인 필리포스 2세의 부탁에 따라 열세 살이었던 알렉산더의 교육을 맡았다.

그리고 마케도니아가 점차 그리스의 지배권을 차지하게 되었으며 그 후 테베의 전투에 패해서 그리스의 저항이 거의 불가능해진 시기인 기원전 335(혹은 334)년 쉰 살이 된 아리스토텔레스는 아테네로 되돌아가서 12년 동안 리케이온을 열고 학생들을 가르쳤다. 이들을 우리는 페리파토스학파(소요학파)라고 부른다. 그 뒤 기원전 323년 알렉산더가 죽고 나서 아리스토텔레스는 다시 아테네를 떠났다가 기원전 322년에 칼키스에 있는 어머니의 집에서 죽는다.

플라톤이 자신의 사상을 모두 단지 하나의 학문인 이데아론論[6]으로 단일화하였던 반면에 아리스토텔레스는 분야별로 잘 세분하여 체계적으로 방대한 양의 저작들을 저술하였다. 우선 분야만 하더라도 논리학과 자연학뿐 아니라 그 정점으로서의 형이상학과 윤리학과 정치학의 영역들을 다루었으며 양적으로는 300쪽 정도를 한 권으로 치자면 대략 45권이나 되는 엄청난 양을 저술하였다.

그중에서도 우리의 관심을 받는 것은 윤리학과 정치학의 저서들이다. 윤리학 관련은 『니코마코스 윤리학』, 『에우데모스 윤리학』, 『대윤리학』이 있는데, 마지막 것은 그 진위가 의심된다. 그리고 정치학 관련은 『정치학』 한 권이다. 그러나 그 스스로가 윤리학과 정치학을 동일시했을 뿐 아니라, 주제가 많이 겹치기도 하고 또한 그 내용상 상호보완적이어서 『정치학』에 관해 해설을 하게 되면 『니코마코스 윤리학』은 빼놓을 수 없이 같이 다루게 된다. 다시 말해서 이 책의 근본은 『정치학』이지만 그 이해를 위해서는 『니코마코스 윤리학』도 역시 아주 중요하다.

---

[6] 모든 사물이 이데아(*idea*)에 따라서 생겨났다고 하는 것이 소위 플라톤의 이데아론이다. 개나 책상이 실제 있는 그대로 그러한 것은 우연히 그런 것이 아니라, 그 원형이고 이상이라고 할 수 있는 이데아에 따라서 생겨났기 때문이다.

2장
인간: 정치적 존재

1. 정치적 존재

　폴리스와 정치에 대해서 아리스토텔레스는 인간 본성에 근거해서 자신의 주장을 펴고 있는 것처럼 보인다. "국가polis는 자연의 산물tōn physei이며, 인간은 본성적으로physei 정치적 동물 politikon zōon"(I, 2, 20[7])이다. 천병희는 politikon을 '국가 공동체를 구

---

[7]　앞으로 『정치학』을 인용할 경우에는 아리스토텔레스, 천병희 번역, 『정치학』(서울: 숲, 2009)을 대본으로 삼아서 여기처럼 I, 2, 20식으로, 즉 1권 2장 20쪽이라는 식으로 표기할 것이다. 그런데 물론 번역이 잘못되었거나 이해에 어려움이 있을 경우에는 따로 표기하지 않고 필자가 직접 번역하여 고칠 것이다. 이렇게 특별히 설명하지 않고 번역을 고치는 것은 앞으로 인용하는 아리스토텔레스나 플라톤 모두에 해당된다.

성하는'으로 번역했으나 일상적인 번역은 '정치적'이고 그래서 흔히 '정치적 동물'로 번역한다. 그런데 아리스토텔레스는 폴리스와 정치의 자연스러움을 '자연*physis*'과 인간의 '본성*physis*'에 근거시키고 있다.

이것은 마치 유교가 인간 본성에 대한 이해에 근거해서 성선설이나 성악설을 주장했던 것과 흡사한 전략이다. 그도 역시 인간의 본성에 근거해서 폴리스와 정치를 정당화하고 있는 것처럼 보인다. 이를 입증하기 위해서 I, 2[8]에서 아리스토텔레스는 국가 공동체를 분해하여 우선 남자와 여자 그리고 부모와 자식 또한 주인과 노예의 결합인 가족*oikos, oikia*이라고 하는 최소 공동체에 관해 말한다.

물론 이 가족은 현대의 핵가족제도와 비교하자면 훨씬 커다란 공동체인데 이를 자연스러운 최소 공동체로 제시하는 것이다. 그다음에 가족들의 결합인 부락 내지 씨족, 그리고 부락들의 결합인 국가로 재구성한다. 국가 내부의 각 층위의 공동체

---

[8] 반드시 인용만이 아니라, 본문이나 각주 등에서도 일반적으로 I, 2처럼 로마 수는 권수이고 쉼표 후의 아라비아 수는 장수, 즉 1권 2장이라는 방식으로 지시할 것이다. 그리고 혼동이 오지 않는 한 『정치학』은 저서명을 표시하지 않는다.

들이 자연스러운 것처럼 그 최종 결합인 국가 공동체도 "자연스러운 사물들의*tōn physei*" 일종이다. 그러므로 인간은 본성적으로 "정치적인 동물*politikon zōon*" 내지 폴리스를 건설하면서 살게 되어 있는 존재이다.

이러한 방식으로 정치학을 전개하면 '형이상학적이다', 혹은 '시대에 뒤떨어져서 우리 시대에는 받아들일 수 없는 공허한 이론이다'라는 비판을 받기 마련이다. 정말 인간이 정치적인지 아닌지를 어떻게 알 것이며 이를 어떻게 입증할 것인가? 우리가 일상적으로 경험하기에 정치적이지 않고 자기중심적이기만 한 사람들이 너무 많기는 하지만, 그렇다고 그렇게만 보기에는 인간의 정치성을 상기시키는 경험도 없지 않다.

그러므로 우리는 '다른 식의 해석 가능성은 없는가' 하는 질문을 하게 된다. 그렇게 생각해 보자면, 아리스토텔레스가 인간을 '**본성상**' 정치적 존재라고 여기며 국가도 '자연'스럽다고 주장한 것을 인간 본성에 대한 형이상학적이거나 본질주의적 규정이라고만 이해할 필요는 없을 것 같다. 그보다는 그가 **폴리스에 대한 실제 경험을 정리한 것**이라고 봐야 한다.

현실에 대한 그의 경험에 따르면 사람들은 홀로 사는 것이 아니라, 늘 공동체로 모여 살고 있었다. 물론 공동체들이 다양한 방식으로 되어 있기는 하지만, 그리스 이외의 지역을 살펴보아도 우리는 모두 국가 공동체로 모여 살고 있는 것이 사실이다. 그는 이러한 공동체에 잘 속하지 못하는 짐승 같은 사람이나 전쟁광 같은 사람도 있다는 것을 잘 알고 있었다. 그러나 이것이 대다수의 인간이 국가 공동체로 어울려 살 수 없다는 증거는 되지 못한다고 본 것이다.

물론 이것은 지나친 일반화이기 때문에 근대의 루소Jean-Jacques Rousseau 같으면 이를 반박하려 할 것이다. 그에 따르면 자연 상태에서는 개인들이 어떠한 공동체도 형성하지 않고 상호 간의 무관심 속에서 고립되어 존재하였다. 그리고 사람들은 이 자연 상태를 벗어나서 '자연 상태'에서 당연한 힘의 논리를 극복하기 위하여 계약을 통하여 국가와 사회를 건설하였다. 그러나 아리스토텔레스의 주장은 자신의 공동체 생활 경험에 비추어 볼 때 고립된 개인들을 상상하기는 힘들다는 것이므로 이를 인간의 본성에 대한 형이상학적 주장으로 이해할 필요는 없다.

냉철하게 평가할 때 고대의 아리스토텔레스의 '*physis*(자연 혹은 본성)'나 근대의 루소의 '자연 상태'는 모두 상상의 산물이다. 우리는 그러한 어떤 것이라도 입증할 수는 없다. 다만 고대에는 개인에 우선하는 공동체에 대한 관심이, 근대에는 사회나 국가로부터 벗어난 개인에 대한 관심이 주도적이었다는 점만이 부각될 뿐이다. 그 때문에 아리스토텔레스와 루소의 대립은 어느 것이 옳다기보다는 고대와 근대라는 **시대정신**들의 대립이라고 볼 수 있다.

  (추후에 2장 3에서 자세하게 검토할 예정인) '정치적*politikos*'이라는 개념을 우선 짧게나마 검토해 보자. 이 개념은 어원적으로 보자면 '시민이나 국가에 관련된'이라는 의미이다. 그렇다면 그는 인간이란 자연스럽게 동료 시민들과 함께 폴리스를 건설하도록 되어 있다고 주장하는 것이다. 그런데 그는 Ⅲ, 6에서 (생존 등의) 필요에 의해 어쩔 수 없이 국가로 뭉쳤다는 주장은 거부한다. 즉 인간은 다른 인간들의 도움이 필요하지 않을 때라도 그들과 함께 살기를 좋아한다는 것이다.

  즉 아리스토텔레스는 국가가 단지 필요악으로, 즉 필요에 의해 인위적으로 생겨난 것이 아니라, 자연스러운 것이라고 주장한다. 왜냐하면 국가는 **인간에게 '단순한 생존*zēn*'을 넘어서 '좋은 삶*eu zēn*'을 위한 터전**을 마련해 주며, 인간이란 존재는 국가 안에서라야 제대로 자기실현을 하기 마련이기 때문이다. 이러한 사고방식은 동양에서뿐만 아니라, 고대에서는 서양에서도 주류를 이루었다. 예컨대 유교는 국가를 가족의 확대로서 자연스럽게 여기는데, 이는 단지 동양만의 사고방식이 아니었던 것이다.

현대에 와서는 이러한 국가의 자연스러움이 의심스러워진다. 특히 필자와 같이 독재정권에 대항한 학생운동을 하던 시절에 대학 생활을 한 사람들에게는 몹시 그렇다. 당시에 공권력의 남용은 일상사처럼 보였다. 누군가는 잡혀가고 누군가는 고문당하고 누군가는 간첩으로 몰렸다. 이러한 경험 탓으로 우리는 국가나 정치 조직을 억압적 존재로 여기고 그 때문에 국가나 사회로부터 벗어나고 싶어 한다. 국가나 사회는 우리를 감시하고 때때로 행복을 향한 사적 추구조차 방해한다고 믿기 때문이다.

그리고 이러한 의심이 사실무근인 것은 결코 아니다. 왜냐하면 공권력의 오·남용은 언제나 가능하며 국가와 그 권력체계를 너무 쉽게 당연시하는 사상은 지배 이데올로기로 전락하기 쉽기 때문이다. 그렇지만 아리스토텔레스는 현대 우리와는 달리 국가란 자연스러운 존재라고 믿었다.

국가의 자연성이 국가가 인위적 산물이라는 사실조차 부정하는 것은 아니다. "공동체에 대한 이런 본능은 모든 인간에게 내재하지만, 그럼에도 불구하고 맨 처음으로 국가를 만든 사람은 인류에게 최대 은인이다"(I, 2, 22). 이처럼 국가가 저절로 생겨난 것은 아니지만, 인간의 본성에 어긋난 것도 아니라는 것이 아리스토텔레스의 견해이다. 더 나아가 아리스토텔레스는 무정부주의는 말할 것도 없고 자유의 과도한 주장조차 찬성하지 않는다. 그는 VI, 2에서 당시의 과격한 민주주의자들의 견해를 의심한다.

그들의 '민주적 근본 원리'는 '자유'이고 그 자유는 소극적 자유, 즉 간섭받지 않고 마음대로 사는 것이었다. 그러므로 그들에게 제일 좋은 것은 지배받지 않는 것*to mē archesthai*이다. 하지만 이것이 불가능할 때는 하다못해 번갈아 가며 지배하고 지배받기라도 해야 한다. 아리스토텔레스에 따르면 이러한 견해는 옳지 않았다. 과격한 자유나 무정부적 상태는 옳지 않다. 왜냐하면 무정부적 상태는 군사적이고 정치적인 몰락을 가져와서 해롭기만 하기 때문이다. 예컨대 메가라Megara는 무질서와 무정부적 상태에서 전쟁에 패배하고 그 결과 국가 자체가 몰락하였다.

2. 홉스의 갈등적 존재

아리스토텔레스의 '국가의 자연성'은 오랫동안 반대 없이 인정되다가, 근대에 와서 비로소 그것을 점점 형이상학적 독단으로 여기고 반대하는 이들이 생겨났다. 그리고 그 대표적인 학자가 홉스Thomas Hobbes이다. 그의 견해에 따르면 국가나 사회는 인간의 자연스러운 상태가 아니라, 일종의 필요악으로서 최악을 피하기 위한 인위적인 조처일 뿐이다.

폭력에 의한 죽음을 피하기 위해서 인간은 모든 권리를 절대군주에게 이양해 국가를 설립하기로 계약하게 된다. 즉 국가기구는 사회 계약을 통해서 추후에 생겨난 것이지 인간의 원래상태가 아니라는 것이다. 이것을 입증하기 위해서 그는 '자연의 상태the state of nature'를 상정한다. 만약 우리가 자연 상태를 상상해 보면 인간은 '만인에 대한 만인의 투쟁war of all against all'에 처해 있을 것이다. 다시 말해서 홉스에게 인간은 '본성'상 '정치적 존재'가 아니라, '갈등적 존재'였다.

인간은 원래 이기적이다. 이것은 루소의 자연 상태인 상호적 무관심이 지배하는 '자연 상태'보다 더 나쁘다. 홉스에 따르면 원래 '자연'은 인간을 능력에 있어서 동등하게 만들었으며 그래서 인간은 누구나 대동소이한 희망을 품게 되었다. 그런데 재화는 한정되어 있기 때문에, 누구나 자기의 생존을 최우선으로 여기고 남들보다 우위에 서려고 남들과 경쟁하고 심지어 투쟁하기 마련이다.

그래서 '인간은 인간에 대해 늑대Homo homini lupus'이다. 이 상태에서는 누구도 안전하지 않고 언제나 폭력에 의한 죽음의 위험danger of violent death을 겪고 있다. 이런 불안 속에서 이성적인 존재인 인간은 사회계약을 통해 국가를 건설함으로써 자신의 안전을 확보하고자 한다. 그 해결책은 타인에게 가할 수 있는 폭력의 권리를 국가에 전적으로 위임하는 것이다. 이러한 국가의 독점적 폭력 행사를 통해서 국민들은 평화를 보장받을 수 있다.

홉스는 인간이 원자적이고 이기적이라고 믿기 때문에 아리스토텔레스의 정치성을 비판한다. 그러나 이 비판은 정확하지 못하다. 홉스의 아리스토텔레스 비판은 일차적으로 아리스토텔레스의 '정치적' 동물 주장을 '사회적' 본성으로만 읽어 낸 것에 근거하고 있다. 그리고 이것은 사실 오랜 전통이었다. 왜냐하면 세네카가 그리스어를 라틴어로 번역하는 과정에서 '정치적인 동물politikon zōon'이 '사회적 동물animal socialis'로 번역되었기 때문이다. 그 이후로 정치적 동물은 사회적 동물로 읽혀 왔다.

사회적 존재인 인간은 함께 모여 살며 상부상조하기도 하고 때로는 경쟁과 투쟁도 한다. 그러나 정치성을 사회성과 섞어 이해하는 것은 오해다. 왜냐하면 사회성과 정치성은 그 지향하는 바가 조금 다르기 때문이다. '사회성'이 단순히 집단을 이루려는 충동이라면, 아리스토텔레스의 '정치성'은 그러한 집단주의적 충동보다는 **폴리스라는 인간 특유의 조직을 결성해서 함께 살려는 충동**이기 때문이다.

아리스토텔레스가 비록 이상주의적인 정치학자에 속하지만, 그의 이론은 충분히 현실주의적이다. 그는 대다수의 사람들이 정치적이지만, 소수의 반사회적인 인간들도 존재함을 잘 알고 있었다. 아리스토텔레스는 I, 2의 '정치적 동물' 규정 바로 후에 —'우연에 의해서dia tychēn' 그런 것이 아니라— '본성상dia physin' 비정치적인 인간들도 있으며 이런 사람은 '전쟁의 욕망을 지닌

자*polemou epithymētēs*'라고 단정한다. 그는 비정치성도 직시하고 있었기 때문에, 같은 I, 2에서 다음과 같이 보충적 발언을 하게 된다. '인간은 자신을 충분히 계발하면 최상의 동물이지만 법과 정의로부터 떨어지면 최악의 동물이다.' 왜냐하면 불의가 무기를 소지하게 되면 아주 다루기 힘든 존재가 되기 때문이다.

이러한 아리스토텔레스의 주장은 그가 홉스보다도 먼저 '만인에 대한 만인의 투쟁'을 주장한 것처럼 보이기도 한다. 그러므로 우리는 아리스토텔레스가 인간을 비록 국가를 건설하고 살려는 충동을 가지고 있지만, 인간 자체는 —오히려 비유컨대— 사회에 대해서 원심력과 구심력을 모두 가진 모순적 존재라고 여긴다고 보아야 한다.

여기서 원심력이란 사회를 벗어나서 자기를 추구하려는 충동을 은유적으로 표현한 것이고 구심력이란 그 반대로 자기를 포기하고 사회를 유지시키려는 충동이다. 인간의 현실적 욕구가 이중적이기 때문에 인간은 한편으로 정치적 존재로서 국가를 형성하지만, 또 다른 한편으로는 이기적 존재로서 자기만의 행복을 추구하기도 한다. 아리스토텔레스에게 인간이란 이렇게 모순적 존재다.

아리스토텔레스는 인간의 양면성을, 즉 사회성과 반사회성을 모두 인지하기 때문에 이 문제를 해결하려고 노력한다. 인간의 반사회성을 제대로 직시하지 않고 다만 사회성만을 강조하는 경우, ―전체주의자들이 플라톤의 정치철학을 오용했던 것들처럼― 그러한 이론은 잘못하면 쉽사리 지배 이데올로기로 전락할 위험이 도사리고 있다. 예컨대 플라톤은 이상국가 구상에서 지배자인 철학자를 완전한 인간, 이성의 완전한 구현으로 설정했기 때문에 지배 권력에게 가족(부인과 자식)과 재산을 허용하지 않은 것 이외에는 다른 어떠한 견제 장치도 마련하지 않았다. 그러나 이러한 사상을 현실에 일반적으로 적용한다는 것은 대단히 위험하다.

물론 플라톤의 철학자가 실제로 완벽한 이성의 구현이라면 문제가 없을 것이나, 이러한 존재는 너무 신적이어서 현실적 인간은 그렇게 될 수 없다. 그렇다면 아무런 견제도 없이 임기도 없는 통치는 끔찍한 전체주의나 독재체제로 전락하기 쉽다. 그래서 플라톤의 통치이념은 쉽사리 지배 이데올로기로 변질된다. 이러한 우려는 현대에 더 심각한 현실이 된다.

절대주권을 지닌 현재의 국민국가nation state들은 아테네인들이 경험한 친숙하고 자그마한 폴리스가 아니라, 너무 큰 익명 사회가 되었기 때문이다. 우리는 국가주의적 이데올로기의 폐해를 히틀러나 스탈린 같은 독재체제를 통해서 충분히 경험했다. 또한 한국에서만 보더라도 이승만이나 박정희, 전두환 독재의 지배 이데올로기에 고통을 당하였다.

이상주의적일 뿐 아니라, 현실주의적이기도 한 아리스토텔레스는 국가 이데올로기에 현혹되지 않고 인간의 실제적인 반정치성과 반사회성을 직시한다. 그는 선배들의 정치철학을 검토하면서 ―Ⅱ, 5에서는 플라톤에 대해서 그리고 Ⅱ, 8에서는 히포다모스에 대해서― 그들의 이상은 인정하더라도, 한 계층이 권력을 독점하는 경우에, ―그 계층의 부패에 대해서는 그렇게 큰 주목을 기울이지는 않지만― 다른 계층들은 필연적으로 권력에서 소외되어, 권력에 저항하게 될 것이라고 반대한다.

그는 인간이 그렇게 선하지만은 않기에 권력이나 재화가 갈등의 중요요소라는 점을 충분히 자각하고 있다. 이것이 그가 '정치적' 정의에서 적극적으로 고민하고 있는 부분이다. 더 나아가 플라톤은 국가를 하나 되게 할 목적으로 상위 두 계층에게 가족과 재산을 공유하도록 구상했으나, 아리스토텔레스는

Ⅱ, 4에서 인간은 자기 것과 소중한 것만을 아끼고 돌보기 마련인 이기적 존재이기 때문에, 이상주의적인 공유제가 실제로는 오히려 무관심을 낳게 할 뿐이라고 반박한다. 또한 Ⅱ, 5에서는 인간을 친구나 손님에게 호의를 베풀 수 있을 정도의 사유재산을 소유한 경우에야 행복을 느낄 수 있는 존재라고 규정한다.

3. '좋은 삶'으로서의 정치

홉스는 인간에 대해서만이 아니라 국가의 목표에 대한 생각에서도 아리스토텔레스와 차이가 난다. 국가에 관하여 홉스가 기대하는 것은 아리스토텔레스에 비하면 아주 적다. 왜냐하면 그는 권력의 요구를 국민에게서 빼앗아 전적으로 국가에 부여하는데, 그 목표는 단지 평화, 즉 생존과 안보의 보장일 뿐이었기 때문이다. 국가의 목표라는 측면에서 볼 때 홉스는 현실주의적인 데 반해서 아리스토텔레스는 이상주의적이라고 할 수 있을 것이다. 아리스토텔레스는 국가의 '목적'을 단지 생존과 안보를 넘어선 '좋은 삶*eu zēn*', 즉 '정치적 삶*bios politikos*'에서 찾고 있다.

홉스의 근대성은 이상화된 자연의 질서에 근거하지 않으면서도 국가를 합리적으로 정당화할 수 있는 계약 이론을 마련한 데에 있다고 할 수 있다. 이 이론에서 개인들은 사회적 존재가 아니라 평등하고 자유롭지만, 고립된 이기적 존재이기 때문에, 그들의 계약과 동의의 근거는 각자의 안전의 보장뿐이다. 따라서 이 국가는 단지 개인들 각자를 외적으로부터 보호하고 내적으로 치안유지를 책임질 뿐이다.

아리스토텔레스가 홉스로부터 갈라지는 점은 바로 이 국가의 목표 설정이다. 홉스의 목표는 —표현이 아니라 의도에 따른 아리스토텔레스식으로 평가해 보자면— '정치적'이지는 못하고 다만 '사회적'일 뿐이다. 이제 우리는 '사회적 존재 *ens sociale*'로부터 '정치적 존재 *ens politicum*'를 좀 더 섬세하게 구분하여야 한다.

사회성은 일차적으로 '함께 모여 있음'에 초점을 맞추지만 정치성은 그 이상이다. 정치성은 '인간들이 모여서 이룩하게 될 정치 조직이 과연 어떠한 종류여야 하는가'를 묻는다. 홉스에 따르면 국가는 권리를 전적으로 포기한 국민들에게 그 대가로 안전한 '사회'를 마련해 주어야 한다. 인간은 사회적이지 못하기 때문에 절대적 폭력에 의해서라도 사회를 확보해야만 단지 경쟁자이기만 한 타인들과 함께 생존할 수 있다는 것이다.

물론 이 점은 대단히 중요하다. 당시 홉스가 경험한 영국 사회의 왕당파와 공화파의 투쟁, 그리고 그로 인해 발생한 사회적 혼란은 안보와 치안이 대단히 중요하게 여겨지도록 만들었다. 그래서 홉스는 사회 내에서 안전이 보장되기만 하면 모든 것이 다 제대로 될 것이라고 상상했을 것이다.

그런 점에서 아리스토텔레스에게 홉스의 국가는 대단히 불충분한 목표만을 달성한다. 국민들은 비록 상부상조하면서 국가를 건설하지만, 그들 자체 내에서는 —물론 폭력을 사용하여 타인을 해치는 것은 국가가 보유한 더 커다란 폭력이 주는 공포가 방지하겠지만— 경쟁과 투쟁이 펼쳐진다. 즉 홉스의 국가에서 국민들은 여전히 서로가 서로에게 늑대이며 그 야수성을 방지할 더 커다란 폭력이 중재하고 있을 뿐이다.

더 큰 폭력이 야만적 투쟁을 순화시킬 뿐이고 각 개인은 여전히 갈등과 투쟁 속에서 생존한다. 현재와 같은 신자유주의적 상황에서 보자면 홉스식의 국가란 신변의 안전과 시장의 자유를 보장받은 '경제적 인간homo economicus'들의 모임일 뿐이다. 여기서는 정치 참여, 사회 정의, 인간 존엄, 올바른 삶 등이 무시되고 있다. 이러한 인간은 적극적으로 서로 해치지 않는다는 점에서 '사회적' 존재일지는 몰라도 아직 '정치적' 존재는 못 된다.

아리스토텔레스의 입장에 따르면 홉스의 '사회화된' 개인들은 단지 '적나라한 생존zēn'에 만족할 뿐, 그를 넘어서는 '좋은 삶eu zēn'은 포기하고 있다. 즉 그들의 폴리스는 인간이 아닌, 짐승의 수준이다. 왜냐하면 이 국가는 더 큰 폭력으로 개개인의 작은 폭력들을 억제하여 원심력이 억압되고 구심력이 관철될 뿐이기 때문이다.

"폴리스의 목적은 단순한 생존이 아닌 좋은 삶을 제공하는 것이다. 단순한 생존이 폴리스의 목적이라면 노예들의 폴리스나 동물들의 폴리스도 있을 텐데 그런 폴리스는 있을 수 없다"(Ⅲ, 9, 156-157).

이에 따르면 홉스식 국가는 폴리스가 아닌, 동물들의 군집일 뿐이다. 물론 아리스토텔레스는 노예와 여자를 시민에서 배제시키고 극히 소수만을 시민으로 인정한다는 점에서 전근대적이다. 그렇지만 그에게 이 소수의 시민들은 자유롭고 동등하다. 그 때문에 그들은 자신들의 관계에 걸맞은 지배, 즉 —홉스식의 일방적인 지배가 아니라— 번갈아 가며 지배하기도 하고 지배당하기도 하는 방식의 지배를 향유한다.

그래서 그들의 '삶의 형태bios'인 '정치적 형태의 삶'은 홉스적 개인들의 삶의 형태와는 질적으로 차이가 난다. 이것이 "폴리스는 단순한 생존zēn을 위해 '생겨나지만ginomenē', 좋은 삶eu zēn을 위해 '존속한다ousa'"(I, 2, 20)라는 아리스토텔레스 주장의 근거이다. 폴리스 성립에 있어서 방위와 치안은 필요조건이지만, 충분조건은 '돌아가면서' 지배하는 것이고 또 이것을 합리적이고 자발적으로 선택하는 것이다. 단순한 '사회적인' 삶이 아니라, 이러한 '정치적인' 삶만이 존속할 가치가 있다.

'좋게' 또는 '훌륭하게'로 번역할 수 있는 eu는 '좋은'이나 '탁월한'을 의미하는 agathos와 함께 플라톤 이래로 윤리학과 정치학에 필수적인 개념이다. 아리스토텔레스는 "모든 폴리스는 분명 일종의 공동체koinōnia이며, 모든 공동체는 어떤 선善,agathon을 실현하기 위해 구성된다. 무릇 인간 행위의 궁극적 목적은 선이라고 생각되는 바를 실현하는 데 있기 때문이다"(I, 1, 15)라는 문장으로 그의 『정치학』을 시작한다. 이때의 선agathon은 보편적이거나 객관적인 선이라기보다는 누군가에게 좋은 것이다. 그러므로 강도에게는 약탈이 좋고 홉스의 국민은 방위와 치안에 만족할 수도 있다.

그러나 이 *eu*와 *agathon*은 —주관적인 성격을 띠기는 하지만— 단지 자기에게만 좋은 것 '이상'을 의미할 수도 있다. 만약 우리가 명사 형태로 바꿔서 좋은 삶이라고 번역한 *eu zēn*을 —*zēn*이 '산다'는 동사의 원형이기 때문에— 동사 형태를 그대로 살려서 "'제대로' 살기"로 번역해 본다면 너무 도덕적인 뉘앙스를 강조하지 않고서도, 아리스토텔레스가 의도하고자 했던 바에 더 가까이 갈 수 있을 것이다. 아리스토텔레스에게는 (홉스처럼) 삶이 파국으로 치닫지 않고 **단순히 가능하기만 한 것을 넘어서 '제대로' 함께 살려는 것**이 정치이고, 정치의 조건은 자유와 평등이다.

아리스토텔레스식의 정치적 삶을 제대로 논하기 전에 우선 정치가 무엇인지 검토해 보자. '정치(영어로 politics, 독일어로 Politik)'를 어원학적으로 보자면, '정치'라는 개념은 고대 그리스어 *polis*로부터 생겨났다.[9] 이는 보통 국가, 도시국가로 번역되기에 어

---

9 이 이하의 논의는 Lorenz Engi, "Was heißt Politik?," *Archives for Philosophy of Law and*

떤 제도적 장치인 것처럼 들리지만, 고대 그리스인들은 원래 제도적이고 법률적인 측면을 일차적으로 염두에 두지 않았기 때문에, *polis*는 오히려 '시민들의 전체'로 이해하는 것이 더 낫다. 그렇다면 정치란 일차적으로 다른 무엇보다 시민들 전체와 관련된 일들을 다루는 행위라고 할 수 있겠다.

그다음에 폴리스의 형용사형인 *politikos*(정치의 혹은 시민의)의 개념은 '시민들 전체와 그들의 공동체인 폴리스에 관계되는'이라는 의미이다. 이 단어로부터 우리가 다루는 아리스토텔레스의 『정치학』의 원제목인 *ta politika*정치학라는 개념이 나왔다. 이 단어 '*ta politika*'는 형용사 '*politikos*'의 중성 복수 형태이고 원래 '공동체 혹은 모든 시민들에 관련된 것들, 일들'을 의미했다. 이 '*politikos*' 그리고 특히 '*politikē technē*(정치적인 기술, 즉 공적인 문제들을 처리하는 기술)'라는 단어로부터 현대어 '정치politics, Politik'라는 단어가 나왔다.

또 *polis*에 대척되는 지점에 서 있던 그리스어 *oikos* 또는 *oikia*는 —아리스토텔레스가 『정치학』에서 폴리스와 함께 중요하게

Social Philosophy, Vol. 92, No. 2, 2006, 237-259쪽을 참조한 것이다.

다루는, 폴리스의 가장 하부의 공동체인─ 가족 내지 집이다. 그리고 이 단어 '*oikos*'로부터 오늘날의 영어 'economy경제'가 파생되었다. *Oikos*가 단순히 가족을 넘어서 경제를 함축할 수 있는 것은 당시의 경제가 가족경제의 차원에 머물러 있었기 때문이다. 그러므로 폴리스-가족의 대립을 염두에 둔다면 정치란 사적인 것, 단지 개인들에 관련된 것과 반대되는 공동체적인 것이고 일반적인 것이다.

그러므로 정치는 공통적인 것, 즉 모든 시민들과 관련된 사안을 다루며, 또한 일반적인 것, 즉 시민 모두를 규제하고 모두에게 통용되는 사안을 다룬다. 여기서 강조점은 '모두'에 찍혀있다. 한마디로 정치적인 문제란 특수한 사정에 처해 있는 어떤 개인의 이해타산을 넘어서는 문제이고 더 나아가 아는 몇몇 사람들이나 친척들의 관심사를 넘어서는 것이다. 여기서 우리는 정치에 관한 일차적인 규정을 내려 볼 수 있다. 정치란 가족이나 경제처럼 특정한 개인이나 개인들 혹은 그러한 하부 집단들에게만 관련된 개별적이고 특수한 사안들을 다루는 것이 아니라, 폴리스의 모든 구성원들에게 통용되는, 일반적이고 보편적인 사안들을 다루는 것이다.

우리는 또 다른 측면도 생각해 볼 수 있다. 가족이 '사적인' 일을 목표로 하는 데에 반해서 정치는 '공적인' 일을 다룬다. 그러므로 정치는 몇몇 사람에 의해서 밀실에서 이루어져서는 안 되고 *Agora*광장에서, 즉 공적인 장에서 다루어져야만 한다. 고대 그리스의 '아고라'는 사람들이 모여서 물건을 사고파는 시장이었지만, 그곳은 또한 정치적 토론을 하거나 민회가 열리는 장소이기도 했다. 그러므로 정치란 **단지 공적인 사안들을 다룬다는 것을 넘어서 공적인 장에서 이루어져야만 하는 행위들**을 의미한다.

예컨대 2016년 말 우리나라에서 시민들이 촛불혁명을 통해서 규탄하고자 했던 바는 정치의 최고위 담당자인 대통령이 그의 측근들과 밀실에서 공적인 사안, 즉 모두에 해당하며 모두에게 중요한 사안들을 처리해 왔다는 점이었다. 밀실에서 아는 사람들끼리 논의하고 합의함으로써 공적인 결정을 해서는 안 될 뿐만 아니라, 만약 누군가가 그렇게 한다면 이것은 정치가 아니라, 야합이라 할 것이다.

우리에게는 대단히 이상하게 들리겠지만, 아리스토텔레스에게는 '정치적인' 동물이 인간만은 아니다. 『동물학』 1권 1장 11절에서 그는 인간, 벌, 말벌, 개미, 황새를 군서동물로 분류한다. 그리고 그에 따르면 군서동물들은 '정치적politika'이다. 그것들은 홀로 사는 동물들과는 달리 '공동의 작업koinon ergon'을 하기 때문이다. 여기서 아리스토텔레스가 '정치성'이라고 부른 것은 단지 '함께 모여 사는 것'만을 의미하기에 —엄밀히 보자면— '정치성'이 아니라, '사회성'이다.

사회성은 동물과 공통된 특성이지만 정치성은 인간의 고유한 특성이다. 그래서 그는 군서동물들을 '정치적인' 정도에 따라 더 세분한다. 즉 그것들 중에서 개미 등은 '무정부적anarchia'이지만 황새와 벌은 지도자를 따른다. 다시 말해서 인간의 '정치적 본성'은 아주 예외적 현상이라기보다 동물들 사이에서도 발견되는 좀 더 일반적인 현상이다. 이를테면 생물의 진화의 특정한 단계에서부터 나타나서 인간에게까지 이어지는 것이다.

그렇지만 아리스토텔레스는 『정치학』 II, 2, 21에서 인간이 황새나 벌보다 '더 정치적인 동물politikon zōon ⋯ mallon'이라고 주장함으로써 인간의 '함께 삶'을 독특하게 규정한다. 그런데 그 근거는 —우리 경험에서도 알겠지만— 인간이 소위 더 '사회적'이어서는 아니다. 오히려 자기중심적이고 이기적인 인간들보다는 전체를 위해 자기를 희생하는 벌이나 개미 등이 더 '사회적', 즉 공동체에 대한 충성도가 높다.

그러나 아리스토텔레스에게 공동체에 대한 충성도는 덜 중요하다. 군집 생활을 하는 동물들은 전체를 위해서 자기 몸을 희생할 정도로 몹시 충성도가 높지만, 인간다운 국가 공동체인 폴리스를 형성할 수는 없다. 그 이유는 첫째로 그것들에게는 언어*logos*가 결여되어서 고통이나 쾌락 혹은 단순한 이해타산을 넘어서 선과 악 그리고 정의와 부정의 개념이 존재하지 않기 때문이며, 둘째로 그것들이 모여 사는 목적은 단순한 '생존*zēn*'이지 '좋은 삶*eu zēn*'이 아니기 때문이다.

여기서 우리는 아리스토텔레스가 인간을 '정치적'이라고 규정한 것에 대해서 근본적인 질문을 하게 된다. 그가 인간을 '다른 동물들과는 다른 방식으로' 함께 사는 존재라고 규정한 것은 무엇 때문인가? 아리스토텔레스의 '정치성'을 홉스와 같은 사람들이 흔히 오해하는 대로 단지 '사회성'이라고 이해하는 것은 잘못이다.

벌이나 개미 등에 비교해 보자면 인간은 너무 자주 반사회적이며, 아리스토텔레스도 홉스와 마찬가지로 인간이 그렇게 '사회적'이지 않다는 것을 인지하고 있다. 이는 우리의 경험에 비추어 봐도 그렇다. 우리가 TV나 인터넷 등에서 종종 접하는 인간들은 정말 동물보다도 못하다. 그들은 우월한 지위를 이용하여 갑질을 하기도 하고 아무 이유 없이 다른 사람들을 해치기도 한다. 그러므로 우리는 인간에게 더 높은 사회성을 당위로서 요구하게 된다. 즉 **인간에게 사회성은 존재Sein가 아니라 다만 당위Sollen일 뿐이다.**

아리스토텔레스가 '정치적'이라는 개념으로 말하고자 하는 바는 '사회성'이 아니다. 국가라는 전체와 개인 사이에는 —비유적으로 말해 보자면— 원심력과 구심력이 서로서로 긴장관계를 형성하면서 작동한다. 개인은 국가라는 테두리 밖으로 뛰쳐나가 자기가 원하는 대로만 살고 싶어 하는 충동이 있다. 이 점이 근대 자유주의자들의 근본 원칙인 자유고 그들은 이 충동을 천부인권, 아무도 빼앗을 수 없는 권리라고 옹호한다. 이것은 다른 일반 군서동물들에게는 없는 특징이다. 이런 점을 고려해 보면 인간은 분명 개미보다 덜 '사회적'이다.

우리는 특히 경쟁과 스트레스가 심한 현대 사회에서 이 원심력이 너무 자주 문제가 된다는 것을 발견한다. 그 때문에 우리는 당위로서 사회로 결속시키려는 힘, 구심력을 요구한다. 현대와 같이 개인주의적으로 되어 버린 사회에서 구심력은 더 이상 찾아보기 힘들다. 그래서 국가가 존속하고 우리도 그 속에서 보호받기 위해서 우리는 어쩔 수 없이 사회의 구심력을 '어쩔 수 없이 받아들여야만' 한다.

국가나 사회가 존재하지 않는다고 가정한다면, 홉스처럼 '만인의 만인에 대한 투쟁'이 현실이 될 것이라고 상상하는 것은 어렵지 않다. 우리는 내란이나 폭동 등으로 공권력이 일시 부재한 상태에서 언제나, 또는 어디서나 늑대들을 발견하게 된다. 그래서 홉스는 절대군주에게 시민들의 권력을 모두 이양하고 그가 생명과 안전을 보장하는 한 간섭하지 말자고 제안하는 것이다. 이렇게 홉스의 사회는 구심력이 강제적으로만 작동하는 사회이다. 즉 원심력을 강력한 물리적 폭력으로 억제하는 사회이다. 이러한 사회는 물론 우리의 안전을 보장해 줄 것이다. 그러나 아리스토텔레스에 따르면 이렇게 '사회성'만 존재하는 사회는 폴리스가 되지 못한다.

아리스토텔레스는 폴리스에 생존과 안보보다 더 좋은 목적이 있다고 믿는다.

"국가의 목적은 '단순한 생존'이 아닌 '좋은 삶'을 제공하는 것이다. 단순한 생존이 국가의 목적이라면 노예들의 국가나 동물들의 국가도 있을 텐데 그런 국가는 있을 수 없다. 왜냐하면 노예와 동물은 [제대로 된][10] 행복*eudaimania*에도, [합리적인] 선택*prohairesis*에 근거한 삶에도 참여할 수 없기 때문이다"(Ⅲ, 9, 156-157).

원심력이 소멸되고 구심력만 남은 개미나 벌의 사회는 그것들의 본능에 따라 '생존에 특화'되어 있는 사회이다. 그리고 이 사회는 인간다운 사회가 아니라 동물이나 노예가 살 만한 사회이다. **인간의 국가 공동체는 단순한 '생존*zēn*'을 넘어서, '좋은 삶*eu zēn*'을 추구하기 마련**이다. 물론 이기적이고도 합리적인 존재인 인간은 생존만을 위해서라도 사회를 만들 것이다. 그러나 이것은 아리스토텔레스에게 국가 건설을 위한 필요조건에 불과하다. 그에게 폴리스의 충분조건인 좋은 삶은 '정치'를 통해서만 달성될 수 있다.

---

10 이것은 필자가 이해하기 쉽게 원문을 보충한 것이다. [ ] 표시 안의 글은 필자의 것이다.

인간의 사회에는 원심력이 적지 않게 작용해서 종종 반사회적 행동이 있을 수 있다. 아리스토텔레스 역시도 '무기를 든 불의'의 무서움을 충분히 자각하고 있기 때문에 단지 '정치적'이라는 선험적 인간 규정만으로 반사회성 문제를 해결하려고 시도하지는 않는다. 오히려 그는 다른 동물과 마찬가지로 인간도 욕구orexis에[11] 따라 살고 있다는 현실을 인정한다. 이 점이 그의 현실주의적 정치학의 근본 출발점이다.

인간은 누구나 좋은 것agathon을 욕구한다. 물론 여기서 좋은 것이 도덕적 선만을 의미하지는 않고 —오히려 너무 자주— 단지 자기에게만 좋아 보이는 것을 의미하기도 한다. 그러므로 인간이 쫓아가게 마련인 행복eudaimonia이나 행복을 위해 필수적인 행위에 대한 선택prohairesis이 단순히 '사회적'이지만은 않다. 다만 인간은 자기가 정한 목표와 행복을 자기 나름대로 합리적인 방식으로 추구할 따름이다. 아리스토텔레스의 사회에는 이렇게 별로 사회적이지 못한 사람들이 살고 있다.

---

11 여기에 등장하는 욕구(orexis)라는 개념은 이성과는 다르지만 욕망(epithymia)과도 다르다. 욕구는 욕망보다는 더 중립적인 개념으로서 인간은 이성에 따라 욕구할 수도 있으나 또한 욕망에 따라 욕구할 수도 있다.

아리스토텔레스는 『영혼론』 3권 10장에서 인간을 포함한 동물들을 움직이게 하는 것이 욕구*orexis*라는 사실을 직시한다. 이 점에서 그의 윤리학이나 정치학은 단순히 이상만을 추구하지 않고 현실적이기도 하다. 그는 『니코마코스 윤리학』을 "모든 기예技藝, *technē*와 탐구*methodos*, 또 마찬가지로 모든 행위와 선택은 어떤 선*agathon*을 목표로 하는 것 같다. 그렇기 때문에 사람들은 선을 모든 것이 추구하는 것이라고 옳게 규정해 왔다"(『니코마코스 윤리학』 I, 1, 13)[12]라는 문장으로 시작한다. 하지만 우리는 이것을 너무 도덕적으로 이해할 필요가 없다.

이 주장은 『정치학』의 "모든 국가는 일종의 공동체이며, 모든 공동체는 어떤 선善, *agathon*을 실현하기 위해 구성된다"(I, 1, 15)와 비슷하다. 이 둘 모두 도덕적이기보다는 현실적이다. 일차적으로 이것은 단지 인간의 행동이든 인간의 공동체이든 모두 자기에게 좋아 보이는 것을 욕구한다는 의미일 뿐이다. 그래서 누구나 자기에게 행복을 가져다줄 것을 자발적이고도 합리적으

---

12 앞으로 『정치학』과 마찬가지로 『니코마코스 윤리학』을 인용할 경우에도 이창우·김재홍·강상진 공역, 『니코마코스 윤리학』, 서울: 이제이북스, 2007을 대본으로 삼으며 권, 장, 쪽 순으로 표기할 것이다.

로 선택한다. '모든 사람이 선을 추구한다'라는 아리스토텔레스의 주장은 결국 '다른 동물들과는 달리 인간은 본능에 따라 움직이는 대신에 자기가 추구하는 목표를 위하여 행동한다'라는 것이다. 그는 인간학과 국가론을 위해서 이상적인 자연을 상정하지 않는다.

그런데 이러한 개인과 공동체의 선택과 추구를 단지 이기적이지만은 않게 만드는 것은 일차로 아리스토텔레스의 행복 *eudaimonia*이라는 개념의 독특성 때문이다. 모든 인간이 궁극적으로 욕구하는 것은 행복이다. 그런데 특히 아리스토텔레스의 행복 개념이 오늘날과 차이가 나는 점은 사람다운 행복이 잠시 왔다가 다시 사라지는 행복한 '감정'이나 혹은 '행운'에 의해 주어진, 남보다 유리한 상태 같은 것을 의미하지 않는다는 점에 있다. 행복이란 오히려 인간의 적극적인 '활동'을 통해서 성취되는 어떤 것이다. 당시에 "행복이란 실천*praxis*이기 때문에"(VII, 3, 372) 그것은 일반적으로 '제대로 사는 것*eu zēn*' 혹은 '제대로 실천하는 것*eu prattein*'을 의미하였다. 그러나 이 두 규정도 아직까지 전적으로 윤리적이지는 않다.

아리스토텔레스의 윤리학이나 정치학이 윤리적 색채를 본격적으로 띠게 되는 것은 그가 욕구를 두 가지로 구분하면서부터다.[13] 그에 따르면 인간의 욕구는 이성에 의해 유도되거나*logistikē* 아니면 감각에 의해 유도된다*aisthētikē*. 인간의 욕구는 우선 눈에 보이고 귀에 들리는 것에 이끌린다. 이것이 감각적인 욕구다. 물론 때로는 단지 감각적인 것들에 이끌리기만 하지 않고, 이성에 따라 **교정**되기도 한다. 이것이 이성적인 욕구다. 하지만 인간도 동물인 이상 —이성적이든 그렇지 않든— 욕구에 따라 행동한다. 다시 말해서 아리스토텔레스는 비록 이성을 강조하지만, 이성이 '욕구에 결부되지 않으면*aneu orexeōs*' 행동을 일으키지는 못한다는 현실을 직시하고 있다.

그런데 아리스토텔레스는 이성을 이용하여 욕구를 두 종류로 구분하며 또한 인간이 욕구하는 선도 역시 '단적인/진정한 선*tagathon*'과 '[단지] 좋게 여겨지는 것*phainomenon agathon*'으로 나눈다. 이성은 합리적이고 어느 정도 일관적이지만 감각이나 격정은 그렇지 못하기 때문에, 이성에 따라서*kata logon* 욕구하는 것은 참으로 좋은 것이지만, 감정/격정에 따라서*kata pathos* 욕구한다

---

13 이 이하의 논의는 Otfried Höffe의 앞의 책 263쪽 이하를 참고하였다.

면 그것은 단지 그 순간에 좋게 보이는 것 혹은 욕망*epithymia*에 휘둘려서 욕구하는 것이다. 더 나아가 인간이 단지 욕망만을 성취하기 위해서 살아간다면 그것은 '단순한' 생존일 뿐이고 인간들이 단순한 생존만을 위해서 모였다면 이러한 사회는 폴리스라고 부를 만한 가치가 없다는 것이 아리스토텔레스의 주장이다.

바로 이 점이 홉스가 '만인에 대한 만인의 투쟁'을 통해서 아리스토텔레스를 비판했던 것을 재반박할 만한 부분이다. 아리스토텔레스에 따르면 홉스의 절대군주에게 권리를 모두 이양해서 획득해 낸 공동체는 단순히 욕망이 지배하지만 평화로운 사회, 즉 노예와 동물의 사회일 뿐이다. 왜냐하면 홉스의 이성은 단지 폭력적인 죽음의 위협을 피하기 위한 도구적 이성에 불과하지 그 이상인 '좋은' 인간과 '좋은' 국가에 대한 고민은 하지 않기 때문이다.

더 나아가 아리스토텔레스는 이렇게 모든 권리를 국가에 이양하지 않아도 시민들은 인간적이고도 합리적인 삶을 선택할 수 있다고 믿는다. 폴리스의 시민들이 욕구에 따라 살기는 하지만, 그들이 욕구를 단지 욕망만이 지배하게 놓아두지 않고,

오히려 이성의 인도 아래에 교정된 욕구에 따라서 살게 된다면 그들은 ―플라톤의 이성적 군주나 홉스의 절대군주가 없더라도― 안전하고도 '좋은' 폴리스를 건설할 능력이 있다. 왜냐하면 그들의 이성은 서로서로 경쟁하고 격려하여 욕구를 제어함으로써 더 나은 사회를 꿈꾸기 때문이다.

아리스토텔레스에게 좋은 폴리스 건설은 인간의 '사회성'에 기반하는 것이 아니라, 인간을 다른 동물보다 더 우위에 서게 해 주는, 자유롭고 동등한 시민들의 '이성'을 기반으로 하는 것이다. 물론 이 경우에도 '이성적/합리적'이라는 개념이 반드시 도덕적이지만은 않다. 그보다는 좀 더 소극적으로 합리적인 욕구, 즉 욕망에 휘둘리기만 하는 것이 아니라, 제정신을 간직한 욕구를 의미한다. 『니코마코스 윤리학』 I, 5, 20에서 아리스토텔레스는 욕망에 휘둘려서 자기가 좋아하는 것을 추구하는 사람들은 "짐승들의 삶을 선택함으로써 완전히 노예와 다름없음을 보여" 준다고 평가 절하한다.

아리스토텔레스의 행위 이론에 따르면 인간은 좋은 것을 욕구하며 이 좋은 것들이 궁극적으로 지향하는 바는 행복이다. 이 주장은 일반적으로 인정될 만하다. 그의 독특한 점은 이러한 개별적인 행위들이 미리 선택된 삶의 '실존적 태도'에 크게 의존된다는 주장일 것이다. 예컨대 『니코마코스 윤리학』 I, 5, 20 같은 곳에서 보자면 인간의 실존적 태도들은 세 종류로 '쾌락적 삶*bios apolaustikos*', '정치적 삶*bios politikos*', 그리고 '이론적 삶*bios theōrētikos*'이다.

인간이 궁극적으로 욕구하는 것이 행복이기 때문에 행복을 무엇이라고 생각하느냐에 따라서 삶의 형태들이 세 가지로 구분된다. 쾌락, 정치, 이론/관조. 이 중에서 쾌락이 이성과 상관없다면 정치와 관조는 이성에 결부되어 있어서 **정치적 삶과 이론적 삶이야말로 삶의 인간다운 형태***bios*들이다. 이러한 실존적 태도들이나 행복에 관한 견해들은 의식적이고 이론적 차원이 아니라, 이론 이전의 막연한 '선先선택*prohaireisthai*([의도적으로] 선택하다)'이다. 이 막연한 선택은 다른 말로 하자면, 인생관의 선택이라고도 할 수 있을 것이다. 여기서는 자라 온 환경이나 삶의 롤 모델이 되는 사람이 결정적일 것이다.

이 실존적 태도들은 처음에는 막연하지만 여러 차례 선택된 이후에 반복해서 고민하고 행동함에 따라 점차로 공고해진다면 그 태도가 일반적으로 개별적 행위들을 규정하게 된다. 그러므로 *bios*를 보통 *zēn*과 구분하지 않고 삶으로 번역하지만, 정확하게는 '실존적 태도' 혹은 '막연하게나마 미리 선택된 삶의 형태'라고 번역하는 것이 더 나을 것이다.

아리스토텔레스에 따르면 사람은 개별적으로 행위를 선택하는 것이나 윤리적 탁월성德의 정도뿐 아니라, 자기가 선택한 삶의 형태에 대해서도 윤리적 책임을 져야 한다. 왜냐하면 *bios*야말로 일반적으로 우리의 일상생활을 규정하기 때문이다. 아리스토텔레스가 생각하는 인간의 '정치성'에 결부된 실존적 태도는 다름 아닌 '정치적인 삶의 형태'이며 그가 폴리스에서 기대하는 '좋은 삶'도 그것이다. 너무 욕망에만 휘둘리지 않고 자기나름의 '실존적 태도'에 상응하게 합리적으로 선택하는 삶의 양식. 그리고 이러한 삶의 양식에 따라 사는 사람들은 반드시 윤리적이지만은 않지만 욕망을 넘어서려고 노력하기 때문에 단지 생존과 안전보장에만 만족하지는 못하고 인간에게 고유한 방식으로 정치적이게 될 것이다.

3장
국가

    정치의 개념은 어원적으로나 또는 아리스토텔레스나 다른 정치학자들의 실제 작업에서 국가와 아주 밀접하게 연결되어 있다.[14] 아리스토텔레스가 인간을 '폴리스적 존재'로 규정했을 때 그는 인간의 '사회성'보다 더 큰 것, 즉 인간의 '정치성'을 의도했다. 그리고 여기서 '정치적인*politikos*'이란 '시민 특유의 방식으로 폴리스를 건설한다'라는 의미이다. 그렇다면 그의 정치학을 논하기 위해서 우리는 우선 그가 생각하는 폴리스란 어떠한 국가인가 하는 질문을 먼저 해 볼 필요가 있다. 그러기에 앞서

---

14 Lorenz Engi의 앞의 논문 238-239쪽 참고.

두 가지를 짚고 넘어가야 한다.

첫째는 아리스토텔레스만이 아니라 우리가 생각해도 국가는 개인들의 삶에 결정적으로 중요하다는 사실이다. 국가가 얼마나 중요한지는 제주도에 온 예멘 난민들처럼 국가가 내전에 시달려서 자국에서 살지 못하고 타국으로 망명신청을 할 수밖에 없는 처지에 대해서 생각해 보면 쉽사리 알 수 있다. 또한 독재국가와 민주국가의 국민들을 비교해 보거나, 소위 산업화된 국가와 개발도상국의 국민들을 비교해 보아도 그렇다. 이렇게 볼 때 우리 개인의 운명은 우리 각자의 탓이라기보다 우리가 살고 있는 국가가 어떠한지에 따라서 더 많이 달라진다.

둘째로 국가는 영원하거나 어디에서나 동일한 것이 아니라, 시·공간적으로 무수히 다양하며 끊임없이 변화하고 있는 역사적 산물이라는 사실이 지적되어야 한다. 정치의 공간으로서 국가는 고대 그리스의 폴리스로부터 고대 로마의 공화국*res publica*을 거쳐서 중세와 근대 그리고 현재의 국가들까지 아주 다양한 형태로 존재해 왔다. 그러므로 아리스토텔레스의 정치 개념을 제대로 이해하기 위해서는 그의 폴리스를 시·공간적으로 멀리 떨어진 우리 시대의 국가들과 비교해서 검토해 보는 것이 필요하다. 그의 독특한 개념을 해명하기 전에 우선 그 당시의 역사적 독특성을 살펴보는 예비 작업이 필요하다. 그 후에야 비로소 그의 정치관, 더 나아가 정치 개념에 대해서 일반적으로 반성해 볼 수 있을 것이다.

1. 근대국가

1) 근대국가의 구성요소: 인구, 영토, 주권

이제 오늘날 자명한 국가의 관념을 고대 폴리스와 대조시켜서 음미해 보자. 고대의 폴리스와 현재의 국민국가는 여러 가지 측면에서 너무도 다르기 때문에, 이런 검토는 아리스토텔레스의 폴리스관과 그의 정치학 이해에도 한 줄기 빛을 던져 줄 것이다. 근대 이래로 국가는 무엇보다도 인구, 영토, 주권이라는 세 요소로 구성된 정치 조직으로 인식된다.

먼저 첫째 요소인 인구는 국민이라고 부를 수도 있다. 그러므로 현대의 국가는 기본적으로 국민국가nation state이다. 물론 근대에 민족주의 운동이 활발하게 벌어졌을 때에는 민족과 국민이 동의어로 여겨졌기 때문에 이 개념은 민족국가와 같은 의미이기도 했다. 그러나 현대에 와서 국가를 이루고 있는 민족들이 다양할 수 있다는 자각이 생겨나면서 국민은 민족과는 다른 개념이 되었다. 우리나라만 하더라도 더 이상 '한민족'만의 국가라고는 할 수 없을 정도로 이미 다문화사회가 되었다. 그러나 현대에도 —민족보다는 더 포괄적인 국민 개념을 사용하여— 국민국가라는 명칭을 붙일 수는 있을 것이다. 이때에 국민이란 한 영토 안에 사는 사람들 전체의 정체성이라 할 것이다. 이제는 전 세계가 개별 국민국가들로 확고하게 분리되어 있으며 그것들은 자신의 국민들을 총동원시켜서 서로서로 무제한적으로 경쟁하고 있다. 이 점은 중세의 국가와 비교해 볼 때 아주 다른, 근대 이래의 독특한 모습이다. 중세 유럽 같은 경우에 국가는 현대의 국민국가와 달리, 좀 더 커다란 공동체인 기독교 문화권의 일부였다. 또한 그 중심은 국가체제보다는 장원제도와 봉건제도 같은 것들 혹은 그 전체를 포괄할 수 있는 기독교였다.

둘째로 우리는 현재 확고하게 고정된 영토를 국가 개념 속에 당연하게 전제하고 있다. 그러나 근대로의 이행기에만 보더라도 지금 우리가 보는 것과 같이 국경선이 고정되어 있지 않았다. 심지어 결혼할 때 국가를 지참금으로 가져가서 국왕과 국민의 언어가 다른 경우도 있었다. 그에 반해서 근대의 국가들은 영토가 비교적 고정되어 있다. 그 때문에 아리스토텔레스가 예를 들어서 VII, 5, 378-379 같은 곳에서 폴리스를 어떠한 지정학적 위치에 세워야 좋은지를 검토하고 있는데, 이러한 구상은 현재와 같은 국민국가체제하에서는 상상하기조차 힘들다.

한·중·일의 영토분쟁에서 보듯이 현대에는 영토가 확고하게 고정되어 있을 뿐 아니라, 어떠한 장소에라도 이미 국가들로 꽉 들어차 있기 때문에 아리스토텔레스의 구상을 실현시키려면 참혹한 전쟁을 치를 수밖에 없다. 이런 점에서 이차 세계대전 후에 이스라엘의 설립은 근대사의 예외일 뿐이다. 또한 아프리카나 아메리카 같은 곳에서 영토가 작위적으로 분할되어 소위 국가들이 세워졌지만, 이것도 제국주의의 폭력에서 강요된 것일 뿐 평화적이거나 그 국민 자신들이 원했던 것은 결코 아니다.

셋째, 마지막 요소는 주권sovereignty이다. 홉스의 정치철학에서 보듯이 나뉠 수도 침범될 수도 없는 절대주권은 근대국가의 필수적인 요소이다. 중세에는 교회나 교황과 같은 국가를 넘어서는 권력이 국가들 사이에 존재해서 중재하고 간섭했지만, 근대부터는 국가가 절대주권을 가지고 있다. 다시 말해서 국가를 넘어서는 심급도 없으며 국가들의 연합이라고 할 수 있는 UN 같은 경우도 개별 국가의 절대주권을 침해할 수 없다는 뜻이다. 또한 가족이나 지역 혹은 종교같이 중세에 좀 더 커다란 의미를 지녔던 공동체들도 근대에는 국가만큼의 충성심을 요구할 수 없게 되었다.

이렇게 근대의 국민국가는 한편으로 고대 폴리스에 비하자면 훨씬 커다란 공동체이지만, 중세의 기독교 공동체나 동아시아의 중화 공동체보다는 훨씬 작은 단위로 ―그것도 서로 무한 경쟁하는 방식으로 분리되어― 존재하고 있다. 그러므로 베버Max Weber 같은 경우에는 국가를 "특정한 영토 내에서 … 합법적인 폭력을 독점적으로 (성공적으로) 요구하는, 인간적인 공동체"(WG, 822)[15]로 규정한다. 그는 근대국가의 절대주권을 '유일한 합법적 폭력'으로 규정하고 있다. 유일성/독점성Monopol은 내

---

15 WG는 Max Weber, *Wirtschaft und Gesellschaft*(5. Aufl.), Tübingen, 1980의 약자이고 822는 쪽이다. 앞으로도 계속 이런 식으로 인용할 것이다.

부와 외부로 향한다. 즉 한 국가 외부의 간섭이나 폭력에는 군대, 그 내부적 폭력에는 경찰로 맞서는 유일하고 합법적인 폭력이다. 이것은 중세와는 아주 다른 현상이다.

2) 베버: 근대국가의 합리성

근대국가를 특징짓는 것을 무엇이라고 할 수 있을까? 물론 여러 가지로 생각해 볼 수 있겠지만, 홉스 같은 계약론자나 베버 같은 사회학자는 근대국가를 '합리성'으로 특징짓는다. 계약에 의해서 추후에 생성된 국가나 독점적 폭력의 담지자인 국가는 대단히 '합리적'이다. 이 부분에 대해서는 일반적으로 인정된다. 그런데 여기에 등장하는 합리성이라는 개념은 고대와는 다른, 근대 특유의 개념이다.

근대화 담론은 그것을 긍정적으로만 평가하지만, **그것이 반드시 긍정적이지만은 않다**. 왜냐하면 고대나 중세의 합리성 개념과는 달리 근대의 합리성 개념은 모든 초월과 이상의 차원을 상실해서 지나치게 현실에 밀착되었기 때문이다. 우리가 정치사상을 이상주의적인 것과 현실주의적인 것으로 구분한다면 홉스나 베버는 당연히 후자다.[16]

전자에 속하는 고대의 아리스토텔레스 같은 정치학자는 정치의 이상과 의미를 묻는다. 이와는 반대로 후자는 '정치가 실제로 어떠하냐'고 묻고 근대의 '소위 합리적인' 정치사상은 소박하게 이상에 빠지는 것을 경계한다. 그래서 주로 비사회적인, 아니면 반사회적인 측면, 즉 갈등적 인간들의 충돌 같은 것들을 발견한다. 왜냐하면 인간의 갈등과 투쟁은 어떠한 가치관과도 무관하게 누구나 인정할 수밖에 없기 때문이다. 홉스의 합리성은 이 갈등으로부터 안전과 평화를 확보하기 위한 수단을 강구하는 것 이상을 추구하지 않는다.

근대의 합리성은 일차적으로 ─부정적/소극적으로─ 형이상학적이지도 않고 종교적이지도 않다. 홉스의 경우 이전 시대 특유의 형이상학이나 불변하는 자연의 관념을 배제하고 국가를 '가치중립적으로' 관찰해서 국가론을 단지 '합리적으로'만 정초한다. 이 점이 그의 정치학이 가진 근대성이다.

그에게 국가는 자연스럽지 않고, 오히려 필요악과 같다. 고립된 개인들이 각자 자기에게 좋은 것을 추구하다 보면 갈등

---

16 이하의 논의는 Lorenz Engi의 앞의 논문을 많이 참조하였다.

과 투쟁은 필연적이다. 여기에 '손익계산'에 근거한 인간의 '합리적' 사고가 등장해서 개인들 간의 갈등과 투쟁을 중재하도록 절대주권을 고안한다. 그렇기에 그 목표는 단지 안전보장이다. 그리고 만약 국가가 그렇게 해 주지 못한다면 각 개인은 다시 '자연 상태'에 처해서 국가와도 싸울 수밖에 없다.

이 논거가 우리에게 '아름다워' 보이지는 않을 수 있으나 '합리적'이라는 점은 부인할 수 없을 것이다. 왜냐하면 ―근대가 미신적이라고 포기해 버린― 누구라도 동의할 수 있을 법한 변치 않는 자연이나 보편적인 목적이나 가치와 같은 것은 없기 때문이다. 또한 이것이 최선summum bonum은 아닐지라도 폭력에 의한 생존의 위협이라는 최악summum malum은 피할 수 있기 때문이다. 여기서 인생의 목적이나 가치는 단지 개인적인 문제이기 때문에 국가는 간섭할 필요가 없다.

즉 근대국가는 ―아리스토텔레스식 표현에 따른― 공동으로 '최선'을 열망하는 '좋은' 공동체는 될 수 없다. 하지만 최악은 확실하게 피하게 해 준다. 바로 여기에 근대적 합리성이 있다. 이것은 ―누구나 동의할 수는 없는― 이상이나 열망 대신에 ―누구나 동의할 수 있는― 최악을 회피할 수단을 확보할 능력을 가진다. 이 수단은 사회계약을 통해서 규정해야 한다.

이와 비슷하게 필요악적인 중재자로서의 절대주권, 독점적 폭력을 보여 주는 것이 베버의 국가론이다.

"국가란 특정한 영토 내에서 ―이것, 영토는 [근대국가의] 특징에 속한다― 합법적인 폭력을 독점적으로 (성공적으로) 요구하는, 인간적인 공동체이다. 왜냐하면 [근대 이전과는 달리] 현재에 특징적인 것이 사람이 [국가 이외에] 다른 결사들이나 개별 인간들에게는 물리적 폭력의 권리를 ―단지 국가가 그것들의 편에서 그 폭력을 허용하는 한에서만― 양도한다고 하는 사실이기 때문이다. 즉 국가는 폭력에의 '권리'의 유일한 원천이다"(WG, 822).

근대국가에는 군대나 경찰을 제외하고는 칼이나 활로 무장한 '일반인'이 존재할 수 없다! 이렇게 국가가 유일하고 합법적인 폭력의 독점자라는 냉철한 견해는 그의 냉철한 정치관으로 다시 등장한다. 그에 따르면 개인들이 폭력으로도 쉽게 치닫도록 유도하는 갈등들이 정치의 동기이다.

그러므로 정치란 "권력분배를 향한 추구 혹은 권력분배에 영향을 미치려는 추구이다. 그것이 국가들 사이에서든 아니면 한 국가 안에서 그 국가가 포괄하고 있는 인간 집단들 사이에서든"(WG, 822) 그렇다. 이는 그 당시뿐 아니라 현재에 사용하는 '정치적'이라는 단어에 그대로 통용된다. 어떤 교수를 '정치적'이라고 한다면 그는 권력을 분배하고 조정하는 데에 관심이 많다는 뜻일 것이다.

그에 따라서 권력과 지배도 규정된다. "권력은 어떤 사회적 관계 내에서 반대에 맞서서라도 자신의 의지를 관철시킬 수 있는 ―이 가망성이 어디에 근거해 있든 상관없이― 가망성을 의미한다. 지배란 특정한 내용을 가진 명령에 대해서 지시받은 사람들이 따르게 만들 수 있는 가망성을 의미할 것이다"(WG, 28). 누가 이를 부정할 수 있을까! 그러나 이런 견해는 아리스토텔레스에 비해 너무 냉정하다.

근대국가에 대해서 베버가 주장하는 국가의 독점성은 중세의 가족이나 지역 혹은 종교 공동체에 대한 충성심을 부차적인 것으로 만든다. 국가는 전체를 지키고 발전시키기 위해서 독점적 충성심을 요구한다.[17] 근대인의 눈으로 보기에 근대 이전에는 봉건적인 무질서와 혼란이 지배하였으나 이것들을 극복해서 통일적 정치체제를 만드는 과정이 정치적 근대화였다. 이 과정에서 ―베버에 따르면― 다음의 세 가지 합리화가 등장한다. 우선 종교의 지배를 벗어나는 ① 세속화이고 정치의 탈주술화脫呪術化, Entzauberung와 가치 다원화이다.

그러나 더 중요한 것은 ② 관료화이다. 관료 조직은 국가가 독점한 폭력을 합리적 지배로 만드는 과정에서 발생하였다. 이 합리성이 아래에서 논하게 될, 이상주의적인 정치학자 아렌트에게는 비인격적인 지배, 인간을 뼛속까지 통제하는 폭군적 지배로 보이기까지 한다. 그러나 베버에게는 근대국가의 관료제가 합리성이다.

왜냐하면 우선 관료 조직이 법에 근거하기에 군주나 귀족들 혹은 다른 사인私人들의 자의적인 지배를 제한하고 제어하기 때문이다. 근대인의 눈에 고대와 중세의 사람에 의한 지배는 늘 자의성에 시달리기 때문에 합리적이지도 항구적이지도 못하다. 더 나아가서 관료제는 직무에 필요한 전문지식과 능력을

---

17 이하의 베버의 합리성 논의는 차용구·김정현, 「근대화 프로젝트와 중세국가 연구」, 『서양중세사 연구』 제30호, 2012와 원준호, 「Max Weber의 관료제와 합리화에 대한 비판의 함의」, 『대한정치학회보』 제22집 4호, 2014를 참고로 하였다.

보장하기 때문이다. 즉 관료제는 전문성을 갖춘 인적 자원을 공급하는 효과적인 시스템이기 때문에 지배에 기술적 합리성을 보장한다.

베버가 근대국가에서 발견하는 또 하나의 요소는 경제체제의 ③ 자본주의화이다. 그에 따르면 자본주의는 관료제를 위한 합리적인 경제적 토대이다. 경제 활동의 합리성은 자본주의적 체계가 화폐를 매개로 해서 경제를 수학적으로 계산할 수 있게 만들어 주고 그래서 경제 활동의 효율성 유무가 명확해진다는 점에 있다. 이것은 형식적 합리성이다. 그러나 베버가 생각하는 자본주의체제의 합리성은 단순한 효율성을 넘어선다. 즉 미리 설정된 다양한 가치들과 목적들에 부합하는가를 따지는 실질적 합리성도 가진다.

그런데 근대 경제의 실질적 합리성은 가치와 목적에 관여하고 이것들은 여러 관점에 따라 다양하기 때문에 수적인 계산처럼 단순 명확하지 못하고 다의적이며 불명확하다. 근대의 합리성과 효율성은 —베버식 표현으로 말해서— '형식성'과 '실질성'으로 구분해서 평가될 수 있기 때문에 근대 이래의 소위 '합리적인' 정치와 경제에 대한 평가는 관점에 따라서 대단히 달라질 수 있다. 근대 초기에는 ─특히 유럽중심주의자들을 중심으로─ 베버처럼 근대의 소위 '합리성'을 찬양했으나 포스트모던 시기에는 점차 많은 반대에 직면해 있다. 여기서는 아리스토텔레스를 이용하여 근대의 합리성을 비판하고자 한다.

2. 아리스토텔레스의 폴리스

1) 작고 친숙한 국가, 폴리스

이제 아리스토텔레스가 경험했던 '국가*polis*'를 묘사해 보자.[18] 우리가 *polis*를 국가라고 번역하기도 하고, ─그 규모나 그 속에 사는 사람들의 관계를 고려하여─ 영어권에서 도시국가city state라고 번역하기도 하지만, 오늘날 우리가 생각하는 '국가'라는 관념과 너무 달라서 현재에는 번역하지 않고 그대로 '폴리스'로 표기하는 추세이다. 고대 그리스의 폴리스들은 우리나라와 비교하면 서울의 한 구區보다도 인구가 적었다.

---

18 이 이하의 논의는 한국어 위키피디아의 '폴리스' 항을 참조한 것이다. https://librewi-ki.net/wiki/%ED%8F%B4%EB%A6%AC%EC%8A%A4 (2018. 10. 20).

고대 폴리스는 시민인 성인에만 한정할 때 인구가 보통 2000명에서 1만 명 사이였다. 최대 규모였던 아테네를 봐도 최대 전성기에, 여자나 아이 그리고 노예를 다 합쳐도 4만에서 5만 사이에 불과하였다. 그리고 여기에 외국인들을 더해도 30만을 넘지 않았다. 면적으로 보자면 스파르타가 5000㎢였고 아테네는 그보다 작은 1700㎢였다.

우리나라에서 보자면 이들은 인구수로는 강원도 춘천시나 서울 성동구와 비슷한데, 성동구는 인구수로 서울에서 21번째에 불과하다. 그렇지만 폴리스가 면적으로는 우리나라의 도시들보다 넓다. 우리나라에서 제일 넓은 경북 안동시가 1500㎢가 조금 넘고 서울은 800㎢밖에 안 되니 우리나라의 어떠한 도시보다 넓기는 하다.

이렇게 작은 폴리스는 여러 가지로 우리가 현재 경험하고 있는 국가들과 달랐다. 폴리스는 시민들에게 전체가 한눈에 들어왔다. 당시에 데모스*dēmos*는 우리의 구와 비슷하게 폴리스를 나누는 단위들이었는데 어느 데모스의 아무개라 하면 많은 사람들이 그를 알고 있었다. 이는 현재 예컨대 한 도시 전체가 아니라, 도시의 한 구조차 익명적이라는 점을 고려한다면 아주 다르다. 시민들에게 **폴리스는 단지 형식적, 제도적으로 정치적 단위이기만 했던 것이 아니라 친숙한 고향**이기도 했었다.

그래서 동료 시민들끼리도 그리고 시민과 폴리스 역시 친밀한 관계였고 이것이 당시 아테네의 직접민주주의가 가능했던 조건 중에 하나다. 또한 직업적인 정치가들은커녕 직업적인 판사나 법률가조차 존재하지 않았다. 외국인인 소피스트들이 직업적인 교사였던 것은 예외적 현상이었다. 폴리스는 시민들에 의해 말 그대로 '직접적으로' 다스려지고 움직여지던 국가였다. 각종 관직이나 재판 배심원이나 여러 입법위원은 추첨을 통해서 시민들이 직접 맡았다. 그래서 개개 시민들의 역할이나 폴리스에서 개별 시민들이 차지하고 있던 영향력은 현재 우리와 비교하면 훨씬 막중했었다. 그리고 이것이야말로 아리스토텔레스가 시민들은 지배받을 뿐 아니라, 지배하기도 한다고 주장할 수 있었던 근거가 되었다.

현재는 일반 시민인 우리의 정치적 영향력이란 아주 미미해서 겨우 선거 때나 잠깐 정치가들이 주목하는 정도에 불과하다. 그리고 각종 행정처리와 치안유지를 위한 관료적인 제도들이 복잡하게 존재하고 있기 때문에, 국가는 쉽사리 우리 개개 시민들의 통제 밖에 존재한다. 그것은 심지어 억압적으로 존재하기도 해서 개인의 사생활을 침해하고 사적인 행복추구를 방해한다고 여겨진다. 익명적이고 커다란 국가의 관료적이고 치안유지를 위한 기관들은 너무 많아서 아무도 모르게 오·남용될 소지가 많다. 그래서인지 우리는 정치가들이나 관료들이나 경찰 등을 의식적, 무의식적으로 의심의 눈으로 쳐다본다.

현대의 거대하고 익명적이고 억압적인 국가는 아리스토텔레스의 주장을 놀랍게 만든다. VII, 2, 367에서 그는 개인의 행복과 국가의 행복이 동일하다는 점은 다들 동의할 것이라고 주장한다. 마치 우리가 절감하는 개인과 국가의 갈등에 대해 잘 모르는 것 같다. 또한 그가 입법자들에게 요구하는 것도 우리로서는 납득하기 힘들다. "훌륭한spoudaios 입법자가 할 일은 폴리스나 인간들의 종족이나 공동체가 어떻게 좋은 삶zōē agathē과 그들에게 가능한 행복에 참여할 수 있는지 고찰하는 것이다"(VII, 2, 370).

국회의원들이 국민의 좋은 삶과 행복을 고려하여 입법을 한다는 것은 교과서에는 나와 있을지 몰라도, 현대 사회의 다원성과 익명성과 규모를 생각해 보자면, 거의 기대하기 어려운 요구이다. 아리스토텔레스의 시민들이 하는 폴리스에 대한 기대치가 이렇게 높기 때문에 ─원칙적으로 누구나가 입법자가 될 수 있는─ 시민이 되기 위한 자격은 현재 우리보다 훨씬 엄격했다. 또한 전체 인구 속에서 시민의 비율도 아주 낮아서 대다수의 인구들인 노예, 여자, 아이, 거류 외국인 등이 시민으로부터 배제되고 단지 적은 수의 사람들만이 제대로 된 권리를 지닌 시민이었다.

2) '최선'인 폴리스

아리스토텔레스는 ─현대인들에게는 아주 고색창연한 방식으로─ 폴리스를 규정하면서 『정치학』을 시작한다.

"모든 폴리스는 분명 일종의 공동체koinōnia이며, 모든 공동체는 어떤 선善, agathon을 실현하기 위해 구성된다. 무릇 인간 행위의 궁극적 목적은 선이라고 생각되는 바를 실현하는 데 있기 때문이다. 이렇듯 모든 공동체가 어떤 선을 추구하는 것이라면, 모든 공동체 중에서도 으뜸가며 다른 공동체를 모두 포괄하는 공동체야말로 분명 으뜸가는 선을 가장 훌륭하게malista 추구할 것인데, 이것이 이른바 폴리스 또는 폴리스적인 공동체*politikē koinōnia*다"(I, 1, 15).

인간이 이룩한 공동체들은 나름의 선을 추구한다. 왜냐하면 인간 자신이 당연히 선을 추구하게 되어 있기 때문이다. 물론 이 선은 참다운 선이 아닐 수도 있다. 이 점에서 아리스토텔레스는 단순한 이상주의자가 아니고 현실을 냉철하게 직시하고 있는 것이다. 왜냐하면 인간은 누구에게나 '자기에게' 좋아 보이는 것을 욕구하고 그것을 위해서 모든 행동을 하는 것이 현실이기 때문이다. 그렇다면 인간들의 결사체인 공동체도 전체로서 나름 어떤 선을 추구하기 마련이다.

이제 우리는 '국가 공동체가 추구하는 선은 어떤 선인가' 하고 질문할 수 있다. 그러나 아리스토텔레스는 국가가 추구하는 것이 무엇인지 내용적으로 대답하지 않는다. 그 대신에 아주 형식적으로 그리고 아주 포괄적으로 '폴리스는 모든 선들 중에서 최고의 선을 가장 훌륭하게 추구한다'라고 답한다. 왜냐하면 —아리스토텔레스에 따르면— 국가 공동체는 가족, 부락, 폴리스 등의 공동체들 중에서 첫째, 최고이고, 둘째로 다른 하위 공동체들을 모두 포괄하기 때문이다.

이러한 고대적 폴리스 규정에 비록 '선'이라는 개념이 들어가 있기는 하지만 그것이 반드시 윤리적이지는 않고 또한 실질적인 내용은 해명하지 않는다고 하더라도 그가 폴리스에 대한 친근감을 표현하고 있다는 것과 이 규정이 가치 지향적이라는 점은 명확하다. 즉 아리스토텔레스의 정치학은 윤리학으로부터 분리되지 않았다. 또한 홉스와 달리 아리스토텔레스는 폴리스를 통해서 최악을 피하는 정도로는 만족하지 못한다. 가치에 대한 기준이 고대와 근대가 아주 다르기 때문에, 최상인지는 모르겠지만 최소한 그는 홉스보다는 더 많은 것을 폴리스 공동체에 기대하고 있다. 즉 국가 공동체가 지향해야 할 이상 같은 것이 있음을 '으뜸가는 선'이라는 개념으로 암시하고 있다.

더 나아가 폴리스에 대해서 아리스토텔레스는 대단히 형이상학적 시대의 유물처럼 들리는 세 가지 규정들을 더 첨가한다. I, 2, 20-21에서 그는 폴리스가 ① "완전한*teleios* 공동체"이며 ② "자연의 산물*tōn physei*"이고 ③ "본성상*tē physei* 가정과 개인에 우선*hēmōn*한다"라고 규정한다. 이러한 국가 규정들은 국가가 추구하는 선이 으뜸가는 선이라는 규정과 함께 대단히 형이상학적이고 본질주의적이며 이상주의적인 것으로 여겨진다.

그러나 더 큰 문제는 국가를 익명적이고 낯설며 억압적으로 여기는 현대인들에게 이 규정들은 단순한 국가주의적 지배 이데올로기에 불과한 것으로 보이며 현대사에서 —파시즘이나 독재체제에서 경험했듯이— 실제로 그러한 영향을 미치기도 했다는 점에 있다. 그래서 근대의 정치학은 이러한 '전근대적인' 표상들에 대해서 대단히 비판적이었으며, 이것을 자신의 근대성이자 합리성이라고 간주했다.

그러나 우리는 아리스토텔레스의 국가관을 국가주의적 이념으로 오해해서는 안 된다. 근대가 비판하는 국가주의란 국가를 가장 우월하게 여겨서 개인은 국가를 위해서 존재하고 국가권력이 경제나 사회를 통제해야 한다는 관념이다. 그렇지만 아리스토텔레스가 의도하였던 것은 오히려 '**보충성의 원리**principle of subsidiarity'에 가깝다.[19] 지방자치제의 차원에서 중요한 원리인 보충성의 원리는 국가와 사회가 단순히 개인이나 하부단위를 '돕는다'는 점을 강조하지는 않는다. 오히려 개인이나 하부단위의 '자율성을 보장'할 것을 강조한다.

---

19 이 이하의 논의는 Otfried Höffe의 앞의 책 328쪽과 333쪽을 참고하였다.

즉 국가, 시, 구, 동이나 도, 군, 읍, 면 등의 행정단위에서 상급 단위가 하위 단위를 돕되, 일차적으로는 하위 단위에게 자율성을 허용한다. 또한 꼭 필요한 부분만을 보충하지 그 이상의 개입을 해서는 안 된다. 물론 자율성의 궁극적 단위는 개인이기에 개인의 자율성 보장이 최우선이다. 여기서 아리스토텔레스는 현대에 비해서 개인의 자율성을 중시하지 않는다는 비판이 있을 수 있다. 물론 그가 현대보다는 더 공동체적이기 때문에 현대만큼 개인의 자율성 보장을 강조하지 않는 것은 사실이지만 그렇다고 자율성을 무시한 것도 아니다. 왜냐하면 그에게 시민은 동물도 노예도 아니기 때문이다. 지배하는 사람들을 포함해서 모든 시민은 자유롭고 평등하다! 그의 시민들은 무엇보다도 **자유와 평등**으로 특징지어진다.

또 다른 오해의 출발점인 아리스토텔레스의 국가와 개인의 유기체 비유도 보충성의 원리라는 관점에서 이해되어야 한다. "국가는 본성상 가정과 개인에 우선한다. 전체는 필연적으로 부분에 우선하기 때문이다. 예컨대 몸 전체가 파괴되면 손이나 발은 존재할 수 없을 것이며, 석상石像의 손에 관하여 말할 때처럼 이름으로만 존재할 것이다. 죽은 손은 석상의 손보다 나을 게 없기 때문이다. 사물은 그 기능*ergon*과 능력*dynamis*에 의해 규정된다"(I, 2, 21). 얼핏 보기에는 그렇지 않지만, 이 본문은 우리에게 아리스토텔레스의 국가관이 전제주의나 파시즘이 아니라, 오히려 보충성의 원리에 가까움을 좀 더 분명하게 암시한다.

물론 유기체 비유는 잘못하면 개인은 국가의 부속품으로서 마치 개미나 벌들의 군집 생활처럼 각자에 주어진 역할을 충실히 수행해야만 한다는 이념으로 오해될 수 있다. 그러나 이 비유를 잘 보면 그가 보충성의 원리를 강조한다는 것을 알 수 있다. 왜냐하면 이 비유는 몸이 파괴되면 손이나 발은 '홀로 기능을 발휘'하는 것이 불가능함을 강조하기 때문이다.

여기서 아리스토텔레스는 개인-국가의 관계를 설명하기 위해서 손과 발은 몸의 부속물이고 그래서 몸이 없으면 '아무것도 아니라'는 식으로는 비유하지 않는다. 그 대신에 몸이 파괴된다면 손과 발 단독으로는 마치 석상의 손과 발처럼 '제 기능'을 발휘하지 못하게 될 것임을 암시하고 있다. 몸으로부터 분리된 손은 석상의 손과 마찬가지로 진정한 의미에서의 손이 아니다. 왜냐하면 진정한 손이라면 손의 고유한 기능*ergon*과 능력*dynamis*을 지녀야 하기 때문이다. 이와 마찬가지로 폴리스가 없다면,

시민은 시민으로서 고유한 기능과 능력을 상실해서 그냥 인간은 몰라도 시민이 될 수는 없다.

그러므로 유기체 비유는 국가를 통해서 개인을 규정하는 것이 아니라, 개인을 통해서 국가를 규정하고자 한다. 인간의 고유한 능력과 기능은 정치인데, 이것은 폴리스라는 지평 속에서 비로소 가능하다. 왜냐하면 폴리스가 없으면 시민들의 정치적 삶도 불가능하기 때문이다. 그리고 폴리스는 자신의 시민들을 통제하고 규정할 것이 아니라, 오히려 그들이 자신의 고유의 삶을 살도록 보조해 주는 역할에 만족해야 한다.

이것이 바로 개인-폴리스의 유기체 비유가 암시하는 것이다. 이렇게 될 경우에 우리가 보기에는 단지 형이상학적 잔재로만 보이기 쉬운 아리스토텔레스의 '인간의 기능*ergon [tou] anthrōpou*'에 대한 사고가 이해가 간다. 즉 인간이 폴리스 안에 있을 경우에만 **그의 '고유한 기능*ergon*', 즉 그의 정치적 기능**을 충분히 발휘할 수 있다는 것이 아리스토텔레스의 생각이다. 그 때문에 폴리스는 공동체들 중에서 최선이다.

물론 '인간의 기능'이라는 아리스토텔레스의 사고방식은 현대인인 우리에게 역겹게 느껴진다. 왜냐하면 우리는 기본적으로 우리가 만들어 낸 사물들은 그것들 고유의 기능이 있지만, 사람은 그렇지 않다고 믿기 때문이다. 인공물의 기능은 우리가 제작할 때의 목적이다.

예컨대 우리가 근시인 우리의 눈을 개선할 필요가 없다면 안경을 만들지 않았을 것이다. 그리고 안경의 제작 목적이 미리 정해져 있기 때문에 우리가 안경에게 기대하는 기능도 미리 정해져 있으며 또한 변화할 수 없다. 그런데 인간도 그렇게 고유한 기능을 가졌으며 인간은 그 목적을 달성해야만 하는가? 이 질문이 특히 불쾌한 이유는 근대에 와서 인간중심주의와 개인주의가 더 심해졌기 때문이다. 그래서 우리는 국가가 자의적으로 개인에게 목표나 역할을 부과한다면 그것은 결국 개인의 자유를 부인하고 노예로 만들 것이라고 의심한다.

특히 아리스토텔레스가 노예제 사회 그리고 가부장적 사회에 살면서 당대의 제도를 옹호하기 위해서도 이러한 관념들을 사용했기 때문에 우리의 역겨움은 설득력이 있다. 고유의 기능과 같은 고대적 관념들은 노예나 여자에게 신분적 한계를 지우고 그들이 거기서 벗어날 수 없도록 강요하기 때문이다. 이 경우에 개인의 기능이란 그의 신분적 제약과 구속 이외에 다른 말이 아니다.

실제로 아리스토텔레스는 노예제를 옹호하기 위해서 본성 *physis*과 기능*ergon* 개념을 사용한다. 그에 따르면 만약 어떤 사람들이 이성은 사용하지 못하고 단지 감정에만 따르며, 그래서 험한 일을 위하여 "몸을 사용하는 것이 [그들에게 고유한] 기능*ergon*이고 이것이 그들에게 최선이라면 그들은 본성상 노예들*physei douloi*이다"(I, 5, 29). 플라톤에게와 마찬가지로 아리스토텔레스에게도 국가란 본성상 서로 다른 능력들을 타고난 사람들로 구성되어 있으며 그 각각이 그들의 본성에 따라 서로 다른 기능들을 수행함으로써 전체적으로 잘 유지될 수 있다. 근대인의 원자적, 기계적 세계관과 또 민주주의에 비추어 보았을 때 대단한 신분제적 편견으로 보인다.

특히 아리스토텔레스는 이러한 도식을 개인의 사회적 신분에 적용하기 때문에 우리는 더욱 반감이 든다. 이것은 당시의 지배 이데올로기이다. 그렇지만 동시대에 소피스트 안티폰은 노예제 사회의 이데올로기를 벗어나 있었다. 그러므로 안티폰과 대조해 보면 우리의 반감은 더 분명하게 정당화될 수 있다. 안티폰에 따르면 자연*physis*은 누구도 노예로 만들지 않았고 다만 '법과 관습nomos'이 그렇게 했을 뿐이다. 따라서 아리스토텔레스가 노예제의 합리화를 시도하기 위하여 사용하는 논거는 우리의 반감을 더욱 강화시킬 뿐이다.

"타고난physei 지배자와 피지배자도 자기 보존을 위해 결합해야 한다. 지성dianoia에 의해 앞을 내다볼 수 있는 자는 타고난 지배자이자 주인이지만, 남이 계획한 것을 체력으로 실현할 뿐인 자는 피지배자요, 타고난 노예이기 때문이다. 그래서 [바로 동일한] 그것tauto이 주인과 노예에게 [모두] 유익하다sympherei"(I, 4, 17-18).

이 논거는 당연히 우리가 보기에 말도 안 되는 편견이지만 그렇다고 합리성의 요소가 전혀 없는 것은 아니다. ─실제로는 그렇지 않지만─ 만약 태생적으로 능력의 차이가 있어서 노예의 기능밖에는 수행할 줄 모르는 사람이 존재하고 또 그 반대로 본성상 주인이 존재한다면, 그래서 그들이 서로를 보충해 줄 역할을 맡는다면, 양 측 모두에게, 그리고 공동체 전체에게 유익하다. 예컨대 효도의 옛 관념이 부모와 자식을 능력이 있을 때 상대를 돌보고 능력이 없을 때 돌봄을 받게 하는 제도라고 이해하면 비슷할 것이다. 물론 천성적인 주인과 노예는 없을 뿐만 아니라, 설령 그렇다고 해도 주인이 상대방에게 ―일방적으로 불리하기만 한― 노예의 지위를 그대로 고수하고 있으라고 요구하는 것은 반인륜적이다.

아리스토텔레스는 가부장적인 편견을 옹호하기 위해서도 본성physis과 기능ergon의 개념을 사용하는데, 이것 역시 시대적 지배 이데올로기의 표현에 불과하다. 그에 따르면 여자도 지배를 받아야 하지만, 노예와는 그 기능이 다르다.

"본성상physei 여자와 노예는 구별된다. 자연은hē physis 대장장이들이 다용도로 쓸 수 있는 델포이 칼을 만들듯 그렇게 인색하게 만드는 것이 아니라 한 가지 목적을 위해 한 가지 사물을 만들기 때문인데, 어떤 도구든 여러 가지 목적이 아니라 한 가지 목적에 이바지할 때 가장 훌륭하게 만들어질 수 있기 때문이다"(I, 2, 18).

남자인 가장이 수행하는 "가정에서의 지배는 군주monarchia적이다. 각자의 집을 한 사람이 지배하기 때문이다"(I, 7, 35). 가장은 군주로서 노예뿐 아니라 여자와 아이도 지배한다. 그런데 이는 노예의 지배와는 다르게 "결혼 관계에 의한[지배]*gamikē [archē]*다. … 자연에 배치되는 예외적인 경우 말고는, 남성이 여성보다 본성적으로*physei* 지배하는 데 더 적합하*hēgemonikōteron*"(I, 12, 54)다. 그는 이렇게 남편이 부인의 지배자라는 당대의 지배 이데올로기를 그대로 받아들인다.

그리고 남녀의 본성에 따른 기능의 차이는 탁월성/덕*aretē*의 차이들로 이어진다. "남자의 용기는 지배자의 용기이고, 여자의 용기는 섬기는 자의 용기다. 이 점은 다른 탁월함의 경우도 마찬가지다"(I, 13, 58-59). 우리는 *aretē*를 흔히 (도덕적인) 덕으로 번역하지만, 원래는 기능적 영역에서 사용되어 구두장이의 *aretē*와 장군의 *aretē*를 말했으며 또한 손의 *aretē*, 눈의 *aretē* 등도 말할 수 있다. 그래서 현재 우리는 점차 *aretē*를 덕 대신에 탁월성으로 번역하고 있다.

Aretē 개념이 기능적 영역으로부터 윤리적 영역으로 전환되는 것은 직업이나 사물의 *aretē*를 넘어서 인간 자체의 *aretē*를 논할 때이다. 전체로서 혹은 단적으로 인간의 탁월성이란 ―구두장이의 탁월성이나 장군의 탁월성과 같은― 단순한 기능을 넘어서 윤리적 함축을 지니게 된다. 인간으로서의 탁월성은 곧

윤리적 탁월성, 즉 덕을 의미한다. 물론 여기서도 *aretē*는 역시 기능과 관련이 있다. 왜냐하면 인간으로서 탁월하거나 그렇지 않음은 그가 수행하는 기능*ergon*에 따라서 평가되기 때문이다. 이 경우에 기능은 단순히 구두장이나 장군의 예에서처럼 사회적 역할이 아니라 단적으로 인간으로서의 기능이다.

아리스토텔레스는 신분이 다른 개인들이 그들의 계층에 따라서 서로 다른 탁월성을 지녀야 한다고 주장하는데 이것은 우리 현대인이 당연히 받아들이기 힘들다. 그는 남자와 여자의 *aretē*가, 그리고 주인과 노예의 *aretē*가 다르다고 한다. 그러나 포퍼Karl Popper가 『열린 사회와 그 적들』에서 '닫힌 사회'를 '지배자는 다스리고 전사는 싸우고 노예는 일하는' 사회로 특징짓는 것과 유사하게, 주인은 '탁월하게' 다스리고 노예는 '탁월하게' 일하며 남편은 '탁월하게' 지배하고 부인은 '탁월하게' 섬기는 사회는 다만 혐오스러울 뿐이다.

왜냐하면 노예제, 가부장제 사회의 노예와 여자의 신분은 단지 비천할 뿐이지 결코 탁월해질 수 없기 때문이다. 그래서 현대인인 우리에게 노예의 탁월성이나 부인의 탁월성이란 말은 다만 —마치 '둥근' 삼'각'형처럼— 형용의 모순이고 그래서 마치 정치 풍자를 들을 때처럼 쓴웃음만 불러일으킬 뿐이다.

근대에 홉스 같은 사람들이 인문, 사회과학을 자연과학의 모델에 따라서 사유하려고 애를 썼던 이유가 이러한 신분제 사회에서 보이는 사회적 관습의 폐단 때문일 것이다. 자연과학은 고색창연한 형이상학적 원리나 보편타당한 자연의 질서 같은 것을 미리 전제하지 않고 단지 경험과 관찰을 통하여 사실에 도달하려고 노력하였다. 그리고 이것이 근대 자연과학의 자부심이었다.

그와 마찬가지로 근대 정치학도 이전 시대의 지배 이데올로기에 속해 있던 윤리적이고 규범적인 전제들로부터 해방되어서 정치현실을 가치중립적으로 고찰하려고 노력하였다. 그 결과 홉스는 인간도 역시 물체와 운동이라는 범주 속에 포함시켜서 동일한 개인을 자연'체'natural 'body'와 정치'체''body' politic로 구분해서 파악한다. 이것은 철저히 인과적이고 기계론적인 분석이다. 이 체계 내에서는 목적론적 자연관 같은 것이 철저히 파괴되어 설 자리가 없다. 근대는 자연과학과 산업혁명에 힘입어서 어떠한 초월도 거부하고 철저히 이 세계 내재적이 되었다.

이렇게 자연과학의 모델을 따르는 인문과학의 이념은 낡은 지배 이데올로기나 더 나아가서 불필요한 형이상학적 사변으로부터 해방된다고 하는 장점이 있다. 그러나 장점만 있는 것은 아니고 당연히 취약점도 갖게 된다. 이를테면 근대인은 아리스토텔레스의 '정치적 존재'를 '사회적 존재'와 동일시하여 그의 폴리스를 단지 구심력만이 존재하는 개미나 벌의 군집 생활과 같은 것으로 오해하게 된다. 그러나 이것은 우리가 이제까지 반대해 왔듯이 오해일 뿐이다. 아리스토텔레스의 '인간의 기능'이라는 사고방식이 비록 경험과학적 방법론에 따라 입증 가능한 것은 아니지만 그렇다고 해서 단순히 신분제 사회의 반영물인 것만은 아니다.

물론 그가 당대의 노예제나 가부장제와 같은 지배 이데올로기에 사로잡혀서 개인-국가의 유기체 비유와 인간의 기능과 같은 개념들을 사용하여 자기도 모르게 지배 이데올로기적으로 사유하는 것은 사실이다. 이러한 관점에서 보자면 아리스토텔레스는 낡아서 더 이상 쓸모가 없어진 것으로 보인다. 그러나 그가 단지 '그것뿐'인 것은 결코 아니다. 현재에도 역시 유용한 '보충성의 원리'에 가까운 사고나 '정치의 발견' 등도 유기체 비유나 그의 목적론적 사고 속에 (신분제 사회의 편견과) 함께 혼재해 있다. 따라서 『정치학』에 대한 이 간략한 소개서가 이러한 편견을 깨는 데에 기여하기 바란다.

앞에서 말한 것처럼 좀 더 균형 잡힌 감각으로 아리스토텔레스의 개인-국가 유기체 비유를 평가해 보면 그것은 오히려 보충성의 원리에 가깝다. 그것은 일차적으로 **개인이 자기실현을 통해서 그의 최고선인 행복을 획득할 수 있게 폴리스가 도와야 한다는** 뜻이다. 그러나 아리스토텔레스 특유의 개념인 '정치적 존재'를 염두에 둔다면 여기서 한 걸음 더 넘어간다. 인간은 자기와 동일한 존재들과 함께 산다. 그래서 그는 '사회적 존재ens sociale'이고 뭉쳐서 삶으로써 생존과 안전을 추구한다.

그러나 인간이 단지 함께 살기만 하는 것을 넘어서, 그가 자유롭고 동등한 시민으로서 국가 공동체를 결성하는 경우에 비로소 그는 '정치적 존재ens politicum'라는 인간 특유의 존재가 된다. 즉 폴리스라는 배경 속에서 정치적 활동을 영위함으로써 비로소 그는 시민으로서의 자기실현을 성취할 수 있다. 자기실현은 자기 마음대로 한다는 **소극적인 자유**를 넘어서는 **적극적인 자유**이고 이것이 바로 사회적 존재로부터 정치적 존재로의 고양이다. 그러므로 개인은 벌통의 일벌과 같은 국가의 부속품이 아니라 오히려 역으로 국가가 개인이 시민으로서의 자기실현인 정치적 삶을 살기 위한 필수조건이고 터전이다.

이제까지의 논의를 요약해 보자면 ① 국가는 모든 공동체 중에서도 으뜸가며, ② 다른 공동체를 모두 포괄하는 공동체이기 때문에, ③ 그것의 선이 개인이나 모든 공동체들이 추구하는 선들 중에서 최고이다. 또한 ④ 국가는 완전한 공동체이고, ⑤ 자연적이며, ⑥ 개인이나 다른 하위 공동체들에 우선하고, ⑦ 그 안에 사는 —당대 이데올로기의 희생이 되는 노예, 여자 등을 제외하고서 생각해 보자면— 시민은 시민으로서의 독특한 정치적 기능과 능력을 발휘한다는 것이 될 것이다. 이러한 관념은 현대인들이 공유할 수 없는, 신비스럽고도 형이상학적인 자연관에 기초한 것처럼 보인다.

'자연'에 대해서 검토해 보자면 근대 이래의 자연관은 한편에서 수학적이고 양적이며 다른 한편으로 인과적이고 기계적인데에 반해서, 고대의 자연관은 자연에 대한 유기체적이고 목적론적인 관념으로 치장되어 있다. 그리고 목적론이야말로 근대의 자연과학이 격렬히 비판하던 것인데, 아리스토텔레스의 정치관이 대표적인 사례이다.

I, 2, 20에서 보자면, 국가가 자연스러운 이유는 그것이 국가의 단계 "이전 공동체들의 목적*telos*이고, 어떤 사물의 본성*physis*은 그 사물의 목적이기 때문이다. 사람이건 말이건 집이건 각 사물이 충분히 발전했을 때의 상태를 우리는 그 사물의 본성이라고 하니 말이다. 그밖에도 사물의 원인과 목표는 최선의 것*beltiston*"이다. 국가가 ①-⑦뿐만 아니라, 개인과 더 작은 공동체들의 이 ⑧ 목적-⑨ 본성-⑩ 최선이라는 주장이 무엇을 의미하는지는 자연적 사물의 예에서 비유적으로나마 더 쉽게 이해할 수 있다.

예컨대 도토리 씨앗이 아직 씨앗인 채로 있을 경우에는 그것이 어떤 씨앗인지 잘 모를 수 있다. 즉 아직 미결정 상태인 것이다. 그러나 그것이 성장하고 열매를 맺을 경우에 우리는 그것이 무엇인지 확연히 알 수 있다. 그 나무가 도토리를 열면 그 나무의 '본성'은 다른 것이 아닌 바로 도토리나무이고, 그 충분히 다 성장하여 자기가 무엇인지를 제대로 보여 줄 수 있는 도토리나무는 그 씨앗의 '목적'이다. 그리고 다 자란 도토리나무는 두말할 것도 없이 그 씨앗의 '최선의 상태'이다. 왜냐하면 성체인 도토리나무는 그 가능성이 최고로 완성되어 꽃과 열매를 맺을 수 있을 정도로 계발되었기 때문이다. 어떻게 보자면 아직 미규정적인 씨앗과 비교해 볼 때 다 자란 성체는 그것의 **이상적인 상태**에 도달했다고 말할 수 있을 것이다.

이 비유를 개인-가족-부락-국가의 '자연스러운 성장'[20]에 도입하여 보면 개인이 가정으로 그리고 부락으로 그리고 최후에 폴리스로 성장하는 과정에서(I, 2, 17-20) 개인의 본성과 목적은 폴리스이고 그런 한에서 폴리스는 개인의 최선의 상태이다. 즉 개인은 국가 공동체에 살게 될 때 비로소 그의 가능성이 남김없이 개화되어 가장 바람직한 상태가 됨으로써 **완전한 시민으로서 정치적인 삶을 사는 것**이다.

근대의 자연과학적 사유방식은 고대와 중세 특유의 목적과 최선이라는 관념 자체를 부정한다. 그에 따르면 자연은 우연과 필연의 기계적 과정일 뿐이다. 의도적인 목적도 없고 선이나 악과 같은 것은 다만 의인화擬人化일 뿐이다. 이러한 근대 자연과학의 형이상학 비판은 그 이전의 윤리학이나 정치학을 비판

---

20 그리스어 *physis*(자연)라는 단어를 고대인들이 듣는다면 '자연스럽게 발생하는 성장'을 함께 연상하게 될 것이다.

하고 새로운, 소위 가치중립적이고도 합리적인 유형의 이론과 체계를 만들어 냈다. 그리고 이것이 정치학에서 홉스의 절대주의 같은 것으로 나타난다. 그렇지만 매킨타이어Alasdair MacIntyre나 샌델Michael J. Sandel 같은 공동체주의자들은 근대의 자유주의자나 공리주의자를 비판하고 오히려 아리스토텔레스에 찬성한다. 왜냐하면 홉스 등의 학문관은 인문, 사회과학의 자연과학화이기 때문이다.

샌델에 따르면(정의란, 266-284[21] 참고) 목적론과 최선의 관념이 당대의 시대적 편견에 불과한 신분제적 이데올로기와 결합될 경우에 명백한 오류이다. 하지만 이렇게 부수적으로 나올 수 있는 위험 때문에 목적론 그 자체가 폐기되어야 한다는 결론이 자동적으로 도출될 수는 없다. 또한 현재의 시장자유주의자들의 주장보다 더 나쁘기만 한 것도 아니다. 예컨대 현재에는 하청업체의 노동자들이 본사에서 꺼려 하는 위험한 직무에 시달리다가 사고사를 당하는 사건이 종종 발생한다. 그들은 비록

---

21 '정의란'은 마이클 샌델, 이창신 번역, 『정의란 무엇인가』, 파주: 김영사, 2010의 약어이고 뒤의 숫자는 쪽수이다. 이 책은 학문적이지는 않지만 아리스토텔레스의 『정치학』의 정신을 파악하기에 아주 좋은 책이다.

비인간적인 경쟁이나 생명의 위협에 내몰리지만, 이것은 시장 자유주의에 따르면 정당하다.

왜냐하면 그들이 그런 사실을 미리 알고도 '자발적으로' 취직했기 때문이다. 그러나 아리스토텔레스의 목적론과 최선의 공동체로서의 폴리스의 이념은 이 사태를 비판할 것이다. "너무 위험하고 반복적이며 지치는 일이라 사람이 하기에 적절치 않다. 이 경우엔 우리 본성에 맞도록 일을 재조정해야 한다. 그렇지 않으면 노예제가 부당하듯, 그 일도 부당하다"(정의란, 284). 시장자유주의적인 국가는 개인의 가능성의 최상의 발현도, 그래서 그의 좋은 삶도 제공하지 못한다. 인문, 사회과학이 당대의 지배 이데올로기에 휘둘리는 것은 옳지 않지만, 그렇다고 해서 자연과학처럼 가치의 탐구를 배제하는 것도 역시 옳지 않다. 근대가 고대나 중세보다 모든 점에서 더 낫다고 생각하는 것 역시 편견일 뿐이다.

아리스토텔레스는 개인과 폴리스를 유기체의 부분과 전체에 비유한다. 이는 홉스의 원자적 개인들이 ─시간적이기보다는 원리적으로─ 우선하고 그다음에 개인들의 복합체로서 국가가 등장한다는 구상과는 정반대이다. 아리스토텔레스는 유기체 비유를 사용함으로써 그리고 국가를 자연의 산물이라고 함으로써 은연중에 개인과 폴리스의 '자연스러운' 결합을 그리고 개인이 아닌, 국가의 우위를 연상시킨다. 우선 이 두 가지 점에서 ―이것들을 단순히 국가주의적으로 해석하든 그렇지 않든― 아리스토텔레스는 근대의 사상가들과 결정적인 차이가 난다.

근대와 현대인들은 비유적으로 말해서 너무 원심력이 강하기 때문에 국가를 고향으로 보거나 자신보다 우위에 있는 존재로 믿기는 쉽지 않다. 그렇기 때문에 고대 아리스토텔레스식 구심력의 우위 주장은 국가주의나 전체주의라는 의심을 피할 길이 없다. 그리고 근대의 역사를 보자면 실제로도 이렇게 국가주의나 전체주의로 변질된 케이스들을 종종 목격해 왔다.

그러므로 '소극적이고' '개인주의적인' 자유는 최고의 가치가 된다. 국가의 폭력에 저항하는 권리, 국가나 다른 무엇이라도 빼앗아 가서는 안 되는, 개인 고유의 권리가 근대 정치학의 주요 관심사인 것이다. 그렇지만 아리스토텔레스의 정치학이 단점만 가진 것은 결코 아니다. 오히려 근대가 오류를 비판하느라고 놓쳐 버린 장점을 가진 것도 역시 사실이다. 그가 '경제'가 아닌 '정치'를 강조한 것은 국가가 개인의 사적 추구들을 조정해서 생존과 행복으로부터 배제된 개인들이 없는지 보살필 것을 강조하는 것이다. 왜냐하면 국가는 이상적인 공동체여야 하기 때문이고 정치란 가치와 연관되어 있다.

우리는 이미 아리스토텔레스의 개인과 국가의 유기체 비유 그리고 국가의 우선성이 국가주의적 발상이 아니라, 보충성의 원리에 따른 것임을 해명했다. 더 나아가서 국가를 개인의 목적이며 최선이라고 규정한 것은 개인들이 가정과 부락과 국가 공동체로 점차적으로 '함께 삶'을 확대해 갈 때 그래서 드디어 '폴리스 안에서의 정치적 삶'에 도달하였을 때 그들이 비로소 그들의 재능과 가능성을 최대한 개화할 수 있음을 의미한다(물론 여기서 말하는 재능과 가능성이란 개인으로서의 가능성, 즉 각기 다른 개성들을 포함해서 개인의 국가 공동체의 성원, 즉 시민으로서의 가능성을 함께 의미한다).

다시 말해서 시민들의 정치적 삶은 개개인의 가능성을 개화시킬 뿐만 아니라 단지 개인이기만 할 경우엔 아직 드러나지 않았던 새로운 바람직한 특질을 획득할 수 있는 기회를 제공한다. 이 점이 근대의 정치학과는 다른 아리스토텔레스 정치학만의 하나의 주요한 특징이 된다. 그는 단적으로 시민과 시민 특유의 활동으로서의 정치를 확립하였다. 홉스나 베버와 비교해 보자면 그는 정치적 삶이라는 이상을 제시한다. 그리고 이때 그의 이론적 배경은 목적론이다.

우리가 앞에서 살펴보았던 홉스나 베버의 국가관에서 보듯 이 근대 정치학은 목적론과 윤리학으로부터 분리되었기 때문에 고대의 정치학에서 핵심적인 개념이었던 '선*agathon*'과의 연관성을 상실해 버렸다. 근대로 올수록 일상적으로 통용되는 도덕이 실상은 지배 이데올로기적이라는 사실이 사람들에게 점점 더 분명해졌고 마키아벨리 같은 사람은 심지어 군주가 윤리적이어야 한다고 믿지도 않았다. 이런 여러 가지 이유로 사람들이 '계몽되어서' 근대에서는 정치학에 윤리학이 배제되었다. 그러나 아리스토텔레스는 『니코마코스 윤리학』 I, 3, 15에서 정치학의 목적을 **'인간적인 선'을 추구하는 것**으로 여긴다.

"정치학의 목적은 인간적인 좋음*to anthrōpinon agathon*일 것이다. 왜 나하면 설령 그 좋음이 한 개인과 한 폴리스에 대해서 동일한 것 이라 할지라도, 폴리스의 좋음이 성취하고 보존하는 데 있어서 더 크고 더 완전한 것으로 보이기 때문이다. 그 좋음을 성취하고 보존하는 일이 단 한 사람의 개인에게 있어서도 만족스러운 일이라면, 한 종족과 폴리스들에 있어서는 더 고귀하고kallion 한층 더 신적인theioteron 일이니까. 따라서 우리의 탐구는 일종의 정치적인politikē 것으로서 이런 것들을 추구하는 것이다."

여기서 아리스토텔레스는 정치학을 '인간적인 선'에 결부시킴으로써 정치학에 윤리를 들여오고 있다. 또한 역으로 윤리학은 '정치적인 선'을 더 고귀하고 더 신적인 선으로 추구한다. 왜냐하면 비록 윤리학의 선과 정치학의 선이 다르지 않다고 하더라도 그것을 단지 인간으로서 개인적으로 추구하는 것보다는 자유롭고 동등한 동료 시민들과 정치적으로 상호 교섭하는 가운데 추구하는 것이 더 고귀하기 때문이다.

아리스토텔레스에게 정치적인 삶은 홉스식으로 가치중립적이고 원자적인 '정치체body politic'들이 단순히 모여서 할 수 있는 것 이상의 삶의 방식이다. 또 정치는 원자적 개인들이 하는 활동들과는 달리, 좀 더 고귀하고kallion 한층 더 신적이다theioteron. 시민들 각자가 자기 나름의 정치적 행위들을 함으로써 이룩하는 폴리스는 개인으로서 그들 하나하나의 단순한 총합 이상이기 때문이다.

3. 아리스토텔레스 폴리스의 양면성

아리스토텔레스가 비록 폴리스를 최고의 선을 최고의 방식으로 추구하며 공동체 혹은 시민들이 그 속에서 완성되는 공동체로 생각하기는 하지만 —플라톤의 이상국가 구상과 비교해 보자면— 그의 폴리스 구상은 여러 실제적인, 그렇게 아름답지 못한 경험들로도 채워져 있다. 그에 따라서 국가라는 제도는 비유컨대 그 속성상 원심력으로 치닫는 국민에게 구심력을 강요하는 일종의 지배체제이기도 하다. 물론 『정치학』 II, 1, 63에서 보자면 아리스토텔레스도 역시 플라톤처럼 이상국가를 그려 볼 생각이 없지는 않았다.

  "우리는 가능한 한 자신의 뜻대로 살아갈 수 있는 사람들에게 어
  떤 형태의 국가 공동체가 가장 좋은지 연구하기로 한 만큼…."

그러나 『정치학』이 실제로 이룩한 것은 폴리스의 냉철한 실

제 모습으로서 I, 1, 15에서 '폴리스는 일종의 공동체*koinōnia*이며 그것도 으뜸가는 선을 가장 훌륭하게 추구한다'라고 하는 목가적인 그림을 —바로 이어지는(I, 1, 15-16) 지배*archē*의 다양성 탐구를 통해서— 훼손하고 있다.

이 국가 공동체는 사람들의 상호협동을 통해서 저절로 운영되는 것이 아니라, 강제와 폭력을 포함해서 각종 지배들을 통해서 운영된다. 물론 노예에 대한 주인의 지배나 가족에 대한 가장의 지배, 혹은 국민에 대한 왕의 지배와 비교하자면 자유롭고 동등한 시민들이 번갈아 가면서 다스리고 다스림을 받는 정치가*politikos*의 지배는 가장 아름답다. 그러나 정치적 지배 역시 지배*archē*의 일종이다. 아리스토텔레스가 역사 속에서나 실제 현실에서 직면한 폴리스는 지배체제이며 또한 권력이기도 했다. 좀 더 상세히 서술해 보자면 그는 개인들에게 일정한 테두리를 정해 주는 민법뿐 아니라 형법도 알고 있었다.

그리고 현실의 폴리스는 국민에게 세금을 부과하며 군대를 소집하고, III, 13, 173에서처럼 도편재판*ostrakismos*을 통해서 누군가를 국외로 추방하고 소크라테스의 비극에서 알 수 있듯이 —심지어 불의한 재판으로— 사형에 처하기도 했다. 더 나아가 아리스토텔레스는 폴리스의 대다수를 구성하고 있는 대중들의 사회성을 믿지 않았다. 왜냐하면 "다중들은*hoi polloi* 말*logos*에 따르기보다 강제*ananke*에 따르고, 고귀한 것에 설복되기보다 벌에 설복되기 때문이다. … [그래서] 법률의 말을 듣지 않거나 부족한 본성을 가진 사람에게는 벌과 징계를 부과해야 하고, 또 다른 한편 아무리 해도 고칠 수 없는 사람은 완전히 추방해야만 한다"(『니코마코스 윤리학』 X, 9, 380).

현대의 국가들과 마찬가지로 그의 폴리스도 역시 폭력으로 무장된 지배체제였다. 그러므로 그는 국가가 지닌 지배적 성격을 과소평가해서 공공의 폭력을 미화하게 되는 우를 범하지 않을 정도로 현실적이었다. 그럼에도 불구하고 현대의 우리와 비교해 보자면 그는 국가를 더 친숙하고 고귀하며 아름답다고 느꼈다.

홉스에서 보듯이 현대인들은 인간이면 당연히 국가를 건설해서 모여 살게 되어 있다고 믿지 않을 뿐 아니라, 때때로 이 공권력이 정말 공정한 체계인가 하는 의심조차 품게 된다. 그 때문에 우리는 —마르크스처럼— 국가제도 자체를 의심해서 국가는 단지 지배계급의 도구라고 믿거나 아예 무정부주의를 지지하는 사람도 있다.

그러나 아리스토텔레스는 국가의 지배적 성격과 폭력성을 알고 있었음에도 불구하고 무정부주의만큼은 거부한다. 그는 V, 3, 267에서 테베, 메가라, 시라쿠사가 무질서*ataxia*와 무정부 상태*anarchia*로 인해서 전쟁에 패배하고 군사적·정치적으로 몰락하고 말았다는 예를 든다. 또 그는 I, 2, 17 같은 곳에서 '지배하고 지배받음'이 '자연에 의한*physei* 것'이라고 주장한다.

그렇다면 아리스토텔레스가 생각하는 —공권력을 가지고 폭력적으로 지배하는— 국가가 시민들을 위해서 수행하는 역할은 무엇일까? 시민들이 정치활동에 전념할 수 있도록 폴리스가 제공하는 것은 무엇일까? 그에 대해서는 그렇게 많은 서술을 하지는 않지만 한마디로 요약해 본다면 공공의 복지라고 할 수 있을 것이다.[22] 그가 생각하는 공공의 복지는 크게 세 가지를 들 수 있겠다.

① 우선 폴리스는 국토를 제대로 방위해야 한다. 외적의 침입으로부터 국민들의 군사적 안전을 보호하는 것은 홉스 못지

---

22 이하의 논의는 Otfried Höffe의 앞의 책 265-267쪽을 참고하였다.

않게 아리스토텔레스에게도 중요하였다. VII, 5, 378-379에서 그는 폴리스가 어디에 세워져야 군사적으로 유리한지를 검토하고 VII, 6, 380에서는 안보상의 이유 때문이라도 바닷가에 인접한 곳을 추천하며 VII, 11, 396에서는 도로 배열에 대해서도 군사적 고려를 한다. 물론 고대에도 근대와 마찬가지로 국민의 건강이 안보와 무관하지 않았다. 그래서 아리스토텔레스는 VII, 11, 395-396에서 국민 건강을 고려한다. 그 때문에 바람의 방향과 안전한 식수의 공급도 폴리스의 위치 선정에 중요한 요소였다. 현재의 용어법에 따르자면 그는 국가가 **국가안보뿐 아니라, 인간안보도 제공해야 한다**고 믿었던 것이다.

② 그다음으로 아리스토텔레스는 경제도 고려한다. VII, 5, 378에서 그는 폴리스가 식량의 자급자족을 위해 비옥한 토지에 위치해야 함을 논한다. 이어서 VII, 5, 379-6, 381에서 곡물이나 목재 혹은 다른 생필품의 수입과 수출에 대해서 고민한다. 아리스토텔레스는 I, 9, 44에서 상업을 단지 돈벌이 수단으로만 여기기 때문에 거기에는 큰 가치를 두지 않는다. 그래서 I, 8에서 주로 생필품의 생산에 초점을 맞추어 경제 활동을 논의한다. 즉 폴리스는 이러한 생필품 생산과 조달을 배려하여

야 한다.

③ 마지막으로 폴리스는 농토의 분배를 배려해야 한다. 이 문제는 요즈음 우리에게 토지 공개념이라는 이름으로 소개된 것과 비슷한 논의를 담고 있다. 주된 생산수단이 토지인 사회에서 토지 분배보다 더 상위의 원칙은 II, 5, 76에서 찾아볼 수 있듯이 토지의 소유*ktēsis*는 사적으로 하되, 소출의 이용*chrēsis*은 공동으로 한다는 것이다. 그는 VII, 10, 393-394에서 ―이 원칙보다 좀 더 구체적으로― 토지를 공유지와 사유지로 분배하기를 제안한다. 공유지에서 나는 소출은 공동 식사와 제사 경비에 사용하여서 공공 비용의 지출과 모든 시민의 생활비 보장을 가능하게 만들어야 한다. 그리고 사유지는 각 시민들에게 변경과 도시 인근에 한 필지씩 배당해야 한다. 그래야 동등성*to ison*과 정의*to dikaion*가 확립된다. 아리스토텔레스가 사유지를 변경에 배치하는 이유는 시민이 외적에 맞서 싸우도록 자극하기 위해서이다. 요약해서 말하자면 아리스토텔레스의 구상은 공유화에 가깝지만 사적 소유를 일정 부분 허용함으로써 개인들의 과도하지 않은 욕망을 만족시키려고 노력한 것이다. 또한 수확물을 공동으로 사용하는 경우에도 법에 의한 강제가 아니라 우

정에 기초한 관대함으로 이루어지기를 희망한다는 점에서 아리스토텔레스의 경제는 사회주의의 계획경제와는 다르다. 하지만 최소한 시민들에게 이 폴리스가 어느 정도는 복지국가란 것이 틀림이 없어 보인다.

4장
정치

아리스토텔레스의 『정치학』의 공헌 중 가장 탁월한 것을 꼽으라고 한다면 필자는 당연히 '정치*politikē*(술*technē*)의 발견'이라 하겠다. 『정치학』 2권에서 소개하듯이 그보다 이전에도 이상적인 국가에 대한 고민은 있었고 그중에 제일 탁월한 학자는 당연히 플라톤이었다. 그러나 우리가 그의 『국가』에서 발견하는 이상은 이상적인 '지배*archē*'였지 '정치'는 아니었다. 왜냐하면 정치는 지배와는 범주적으로 아주 다른 것인데, 정치는 자유롭고 동등한 시민들 사이에서만 이루어질 수 있기 때문이다. 플라톤의 이상처럼 어떤 폴리스가 전체의 행복을 이룩한다고 해서, 그리고 공리주의자들의 이상처럼 최대 다수의 최대 행복이 이룩된다고 해서 좋은 '정치'가 이루어지는 것은 아니다.

1. 플라톤: 좋은 지배로서의 정치

플라톤의 정치학은 이상적인 '지배'를 추구한다. 그가 처해 있던 곳에서 그가 발견한 국가는 온갖 재앙으로 가득 차 있었다. 길고 지루했을 뿐 아니라 정의롭지도 못했던 펠로폰네소스 전쟁의 패배로 아테네는 몰락하고 있었고 개인적으로는 그가 가장 정의롭다고 믿었던 소크라테스가 ―참주정도 아니고 그나마 온건했던― 민주정 아래에서 사형판결을 받았다. 『국가』에 나오는 것처럼 그가 '이성적인 논거를 통해서*logo*'(『국가』 II, 146-147)[23] 이상국인 철인왕국을 건설하려고 했던 것은 이런 '재앙들의 종식*kakōn paula*'(『국가』 V, 365)을 그 목적으로 했다.

철학자가 왕이 되거나 왕이 철학을 하여서 강제로라도 "'정치권력*dynamis politikē*'과 철학(지혜에 대한 사랑: *philosophia*)이 한데 합쳐

---

[23] 앞으로 플라톤의 『국가』를 인용할 경우에는 박종현이 번역하여 '서광사'에서 1997년에 출판한 것을 대본으로 삼으며 권, 쪽 순으로 표기할 것이다.

지"지 않는다면 "나라들에 있어서, 아니 내 생각으로는, 인류에 게 있어서도 '나쁜 것들의 종식*kakōn paula*'은 없다"(『국가』 V, 365)라 는 것이 플라톤의 확신이었다. 포퍼는 『열린 사회와 그 적들』에 서 이 '철인왕국'을 '열린 사회'의 적의 대표적인 예로 들지만 그 것은 좀 지나친 감이 없지 않다.

플라톤의 국가는 한마디로 말해서 최고 효율의 국가다. 플라 톤에 따르면 효율적인 국가만이 현실 국가의 각종 재앙들을 종 식시킬 수 있다. 다만 우리가 유념해야 할 것은 플라톤의 효율 성은 베버 내지 현대가 생각하는 효율성보다는 훨씬 포괄적인 종류의 효율성, 즉 '윤리적 효율성도 포괄하는 효율성'이라는 점이다. 우리는 효율성이라 하면 가치중립적인 기술적이고도 경제적인 효율성만을 생각하기에 '윤리와 함께 하는 효율성'이 라는 개념은 형용의 모순인 것처럼 보인다.

그러나 앞서 말했듯이 고대 윤리학의 핵심 개념 중 하나였던 탁월성/덕*aretē* 개념이 기능적이고 기술적인 관점에서부터 시작 되었다는 점을 염두에 둔다면 이 연관선상에 있는 효율성도 윤 리를 포함한다는 점을 이해할 수 있을 것이다. 즉 플라톤의 국 가는 기술적으로도 윤리적으로도 최고의 효율성을 자랑하는 국가이다. 이 국가의 각 부문은 각종 전문가들이 지배한다. 흔히 독재자로 오해하기도 하는 철인왕은 단지 일종의 기술자일 뿐이다. 말하자면 그는 이른바 지배의 기술자고 그의 임무는 정의롭고도 효율적인 지배를 하는 것이다.

현대에는 사람들이 기술을 흔히 직업 분야에 한정해서 생각하지만 고대의 기술techné 개념은 *areté* 개념처럼 기술과 윤리 양측면에서 모두 사용되었다. 이 기준에 따르면 항해술이나 의술 못지않게 정의, 지혜, 절제, 용기도 모두 '기술'이다. 그래서 소크라테스 이래로 기술-덕의 유비가 고대 윤리학을 지배했던 것이다. 이에 상응해서 철인왕은 '기술적이기만 한 것이 아니라 윤리적이기도 한' 지배의 기술자이다. 굳이 비교해 보자면 유교가 추구했던 성왕의 지배이다.

현대에는 흔히 행복이라고 하면 욕망 충족을 말하고 그래서 사람들은 재화의 생산을 중요하게 여긴다. 그 결과 우리나라 대통령 선거에서도 후보자들은 자신은 CEO로서 '누구보다도 더 대한민국을 부유하고 강력하게 만들 능력이 있다'고 선전한다. 즉 자신이야말로 나라를 경영하기에 적합한 전문경영인이란 것이다. 그러나 여기에는 함정이 있다. 국가에는 군대의 강력함이나 재화 생산의 증대 못지않게 정의도 필요하다는 점을 놓치고 있는 것이다. 서구사에 많은 기여를 해 왔던 근대는 어쩌면 고대나 중세의 장점을 망각했는지도 모르겠다.

국가가 잘 운영되기 위해서는 전체적으로 파이가 커져야 하지만 제대로 된 분배가 없다면 그 커진 파이는 일부만을 배불리게 될지도 모른다. 그러나 그렇게 된다면, 국민들 사이의 위화감은 아무것도 없는 국가보다도 더 커지게 될 것이다. 이 점은 신자유주의가 심화되면 될수록 더 커다란 문제가 되고 있다. 정의 없는 산업 발달은 ―베이컨의 기술과 산업 발전의 유토피아[24]가 상상했던 것과는 달리― 빈부 격차나 자연과 인간의 착취 같은 근대국가의 재앙을 종식시킬 능력이 없다. 플라톤의 철학자는 산업이 발달할 여건을 만들어 줄 뿐 아니라 정의 사회를 구현할 능력을 갖춘 '기술자'이다.

플라톤은 사람들의 본성상의 차이, 즉 개개인의 능력이나 기질이 서로 다르다고 생각하고 이것을 토대로 해서 그의 국가

---

24 현대의 과학과 기술의 발달에 대한 기대와 그로 인한 유토피아 건설에 대한 꿈을 이해하기 위해서는 베이컨의 『새로운 아틀라스』를 그리고 과학과 기술의 발달로 인한 낙관론은 그의 『학문의 진보』를 읽을 필요가 있다.

안에 분업과 전문화를 고안하였다. 국가 전체의 효율성을 보장하기 위해서 각자는 자신의 "본성에 따라서*kata physin*"(『국가』 II, 147) 자기에게 가장 어울리는 일을 맡고 국가는 일자리의 분배와 그에 필요한 국민교육을 수행한다. 국민의 대다수를 차지할 이 사람들이 소위 생산자 계층이다.

그런데 재화의 효율적 생산 외에도 이 국가는 국토방위와 내적인 치안유지가 필요하기 때문에 수호자 계층을 키워 낸다. 그리고 제일 중요한 기능은 전체를 통괄하고 교육을 담당하고 정의를 유지하는 것, 즉 '지배/통치(*archē*, 동사 형태로 *archein*)'이고 이 역할을 지배 분야의 전문가인 철학자가 수행해야만 국가가 제대로 운영될 수 있는 것이다.

그렇지만 플라톤의 이상국가는 생산자층, 수호자층, 지배자층을 구분하여 개개인의 신분을 좌우한다는 점에서 문제적으로 보인다. 포퍼의 풍자에 따르면 이 이상국가는 마치 '지배자는 다스리고 전사는 싸우고 노예는 일하라'라는 슬로건의 구현인 것처럼 들리기 때문이다. 또 플라톤의 개인을 특정 직업과 그로 인한 특정 지위에 배치하려는 의도는 특히 개인의 자발적 의사를 중시하는 근대의 자유주의적인 경향에 반대된다.

그러나 다음과 같은 세 가지 측면에서 포퍼류의 비난으로부터 플라톤을 옹호해 볼 수도 있을 것이다. 우선 고대의 폴리스는 현대의 거대하고 익명적이며 억압적인 국가와 다르게 작고 공개적이며 가족적이라는 점이다. 포퍼는 당대인들이 폴리스에 대해서 경험하는 친근한 정서를 이해하지 못한다. 그렇기에 그가 이해하는 '지배'란 플라톤이 말하는 '지배'와는 다소 차이가 있다.

또 다른 하나는 역할이라는 관점으로부터 권리라는 관점으로의 변화이다. 고대에는 개인과 국가의 관계에서 '공동체에 대한 책임감'을 중시하였다면 근대에는 '개인의 권리'를 중시하였다. 플라톤의 이상국가에서는 이 점이 극대화되어 있다.

그래서 철인왕 개념에서도 통치자인 철학자는 권리의 관점으로부터 생겨난 발상이라기보다는 책임이나 역할의 측면에서 고려된 장치이다. 즉 철학자는 플라톤의 국가에 '혼자서 임기제한 없이, 어떠한 외부적 간섭도 없이 다스'릴 '권리'나 '권력'을 지닌 것이 아니다. 오히려 그는 문제가 많은 현실 폴리스를 '구제'할 '역할'을 담당할 자로서 초대된다.

그는 이성*nous*의 구현자로서 이데아라는 완벽한 모델을 폴리스 속에 실현해야 할 '의무'가 있다. 즉 철학자는 지배와 권력보다 더 '좋은' 것, 즉 지혜 탐구의 즐거움을 알고 있어서, '지배'라는 '책임'을 벗어나고 싶어 하지만 그럼에도 맡아야 할 의무가 있는 것이다. 플라톤에게 **좋은 정치가란 권력보다도 더 좋은 것을 진정으로 알고 있는 사람**이다.

마지막으로 플라톤의 철인왕 구상에는 —자유주의적 전통에서 있으면서도 칸트의 의무론적 요소를 들여와서 더 나은 정의론을 세우려는— 롤스John Rawls의 정의관과 유사한 의도가 있다. 롤스의 기본 의도는 현재 우리가 직면하고 있는 점점 더 심해져 가는 빈익빈 부익부라든지 요즈음 논란이 되고 있는 흙수저 문제와 같은 사회적 불공평을 해결하고자 하는 것이다.

그러나 사람들은 사회적으로 불균등한 출발점에 서 있을 뿐 아니라, 선천적으로도 능력과 기질에 차이가 있어서 어떠한 상황에서도 불평등은 사라지기 어렵다. 이러한 문제를 해결하기 위해 롤스는 '사고 실험'을 통해서 국가에서 어떠한 위치도 자기가 원하는 대로 선택할 수 있는 '원초적 입장original position'을 설정한다. 여기서 핵심적인 가정은 각자가 모두 '무지의 장막

veil of ignorance' 뒤에 서 있어서 자기가 어떠한 선천적이고 사회적인 조건에 처하게 될지 모른다는 점이다.

이러한 무지의 장막 뒤에서 사회계약을 한다면 공평한 출발점을 마련할 수 있다. 왜냐하면 누구라도 불리한 입장을 만들어서 자기가 이 입장에 빠지는 불행을 원치 않을 것이기 때문이다. 이것은 모든 사람을 똑같이 만들지 않고서도 공정성을 획득할 수 있게 해 줄 것이다.

롤스에 따르면 어차피 불공평은 피할 수 없기에, 그를 통해서 가장 최약 계층이 가장 커다란 혜택을 받게 된다면 특정인에게 더 많은 혜택이 돌아간다고 하더라도 그것은 전체적으로 공정한 것이다. 플라톤도 롤스의 사고 실험과 흡사하게 이성적 논변을 통해서 이상국가체제를 세우려고 한다. 앞서 살펴본 것처럼 그는 개인들 간의 선천적 불공평을 전제한다.

그리고 이 선천적 차등에 따라 사람들에게 차등적 지위를 부여하는 한편 유리한 지위의 지배자층에는 권리를 축소시키고, 반대로 불리한 생산 계층에게는 그 사회의 생산물이 더 많이 돌아가도록 하여 ―따라서 롤스식으로 말하면― 전체적으로 공정한 이상 사회를 구상한다. 능력이 가장 부족한 계층이라고 할 수 있는 생산자 계층을 위해서 수호자 계층과 통치자 계층은 최소한의 보장에 만족하면서 자신의 능력을 최대한 발휘해야만 한다.

물론 여기에도 고대 특유의 전제가 있고 이를 묵인해야만 그의 논의를 따라갈 수 있다. 하나는 어떤 사람이 전사나 지배자의 역할을 맡는 데에 적합하거나 그렇지 않을 정도로 개개인이 선천적으로 차이가 난다는 전제이다. 그다음은 지배자가 될 수 있을 만한 전문 능력이 따로 존재한다는 점이다. 물론 현대에는 이를테면 대통령이 될 만한 선천적 자질이나 대통령의 전문 능력을 인정하지는 않겠지만, 이를 인정해 본다면 철인왕 구상은 롤스의 공정성에 아주 가까이 갈 수 있는 방안이다.

왜냐하면 플라톤은 정치적이고 군사적 권력을 독점하는 상위 두 계층인 최고 지배자와 수호자들에게는 부인과 자녀 그리고 재산을 공유하여 사적으로 소유하지 못하게 만들고 이와는 반대로 대다수 국민인 생산자들은 가족과 재산을 사유하되 재산은 너무 큰 격차가 벌어지지 않도록 조율하기 때문이다. 또한 이것을 감시와 처벌을 통해서 강제하기보다는 윤리적 교육을 실시하여 자발적으로 호응하게 만든다.

물론 자유주의자들로서는 이러한 주장을 받아들일 수 없을 것이다. 왜냐하면 이 체제 내에서는 직업선택의 자유, 사유재산의 자유, 신념의 자유나 사적인 행복추구의 자유는 상당 부분 제한을 피할 수 없고 시장과 기업의 자유는 아예 없기 때문이다. 그러나 이것이 플라톤식의 효율적이며 윤리적이고 공정하며 아름다운 사회이다.

근대 사상가와는 제법 다르지만 아리스토텔레스도 역시 여러 가지 측면에서 플라톤을 비판하고 특히 그의 이상국가론을 『정치학』 II, 1-5에서 조목조목 반박한다. 이를테면 플라톤의 정치학은 구심력을 아리스토텔레스보다 훨씬 강조하기 때문에 폴리스의 지배자는 일반 시민들보다 행복추구권 같은 것이 훨씬 제약되어 재산과 처자를 공유해야 한다. 그런데 아리스토텔레스가 보기에는 이 조처는 매우 부당할 뿐 아니라 비효율적이기도 하다. 왜냐하면, 재산과 처자가 없이는 아무도 최선을 다하려 하지 않을 것이기 때문이다.

또 플라톤에게는 정치가 존재하지 않는다는 점이 두 사람 사이에서의 가장 큰 차이이다. 그에게는 단지 지배만 있을 뿐이다. 아리스토텔레스에 따르면 정치의 가장 필수적인 요소는

'자유롭고 평등한 관계'이고 그 결과 번갈아 가며 '지배하고 지배받는 관계'이다. 그러나 플라톤의 지배자와 생산자들은 지배의 측면에서 전혀 평등하지도 않기에 정치적*politikos* 지배가 아니라 왕의*basilikos* 지배가 이루어진다.

아리스토텔레스가 비록 무정부주의를 반대하고 폴리스 내에서 지배를 인정하긴 하지만 그는 정치적 지배를 다른 지배들로부터 엄격하게 구분한다. 그리고 이 구분에 따르면 왕의 지배는 '정치'가 아니라 다만 '지배'일 뿐이다. **정치란 서로서로 자유롭고 평등한 시민들 사이에서만 발생**하기 때문에 플라톤의 정치학에는 정치가 없다.

2. 아렌트: 정치적인 것

그렇다면 '정치'란 무엇인가? 이 질문은 이 책에서 필자가 처음부터 끝까지 하게 되는 질문이다. 필자가 보기에 정치의 독자성을 가장 정교하고 아름답게 그려 놓은 학자는 아렌트Hannah Arendt(1908-1975)이다. 그녀는 대단히 이상주의적인 정치관을 가져서 현실주의적인 정치관에 대해서는 상당히 비판적이다.

"정치적 공간을 보호하고 건설하고 확장하기 위해서 강제와 폭력이 항상 수단으로 사용되었다. 하지만 그것들은 그것들의 본성대로als solche 바로 그 자체로서는 정치적이지 않다."[25]

왜냐하면 정치는 강제와 폭력이 될 수 없기 때문이다. 아렌트는 현대로 올수록 정치가 경제화함으로써 그 본령이 모호해져 버렸다는 것을 직시한다. 그래서 그녀는 정치를 다시 회복하기 위해서 ─특히 사회로부터 분명하게 구분하여─ 정치를 확정하려고 노력한다.

물론 그녀의 정치 혹은 '정치적인 것'은 우리의 실제 현실이라기보다는 복잡다단한 현실을 분해해서 정치라는 존중할 만한 이념만을 따로 뽑아낸 결과물이기에 모호한 점도 많다. 그것도 우리가 아리스토텔레스의 『정치학』을 읽을 때, '정치에 관해서 무언가 아름답고 고귀한 것을 찾는구나!'라고 막연하게 느끼는 것과 비교하자면 아렌트의 정치 개념은 개념적이나 이론적으로 훨씬 분명하다는 점을 인정한다고 해도 그렇다.

---

25 Hannah Arendt, *Was ist Politik?*, München, 2003, 53쪽.

아리스토텔레스는 『정치학』 II, 2에서 플라톤이 국가를 '하나 *mia*'로 만들려고 시도하는 것을 비판하고 국가란 본질적으로 '다수*plēthos*'임을 지적함으로써 우리를 '정치적인 것'에 입문시킨다. 그와는 반대로 플라톤은 지배자와 수호자에게 재산과 처자를 공유하게 함으로써 국가를 전적으로 하나로 통합하려고 시도했었다.

"그러나 분명 국가는 계속해서 점점 더 하나*mia*가 되어 가면 결국 국가이기를 그만두게 될 것이다. 왜냐하면 국가는 본성적으로 다수*plēthos*이기 때문이다"(II, 2, 65).

여기에 나온 '다수' 개념이 아리스토텔레스가 플라톤으로부터 결별하게 되는 계기가 되는 아주 중요한 개념이다. 그렇지만 그는 아렌트만큼 이 개념을 명쾌하게 해명하지는 않는다.[26] 국가, 정치, 민주주의 등은 모두 다수성이 전제조건이다. 아렌

---

26 이하의 아렌트 논의를 위해서 나카시마 마사키, 김경원 번역, 『한나 아렌트 '인간의 조건'을 읽는 시간』, 서울: 아르테, 2017을 많이 참고하였다.

트는 정치의 결정적 구성요소인 '행위*praxis*, action' 개념을 통해서 다수성/다원성plurality을 분명히 천명한다.

"사물이나 일을 개입시키지 않고 인간들 사이에서 직접적으로 이루어지는 유일한 활동activity인 행위action는 다수성plurality이라는 인간의 조건에, 즉 [보편적] 인간Man이 아닌 [복수의] 인간들men이 지구상에 살며 세계에 거주한다는 사실에 상응한다. 인간의 조건의 모든 측면들이 어떻게든 정치에 관련되어 있지만 특별히 이 다수성은 모든 정치적 삶의 ─'필요조건'일 뿐만 아니라, '가능조건'이기도 한─[절대적] 조건*the* condition이다"(HC, 7).[27]

우선 눈에 뜨이는 점은 '정치의 지평'의 확장이다. 아리스토텔레스에게 정치가 폴리스 내에서 시민들 사이의 일이었다면 아렌트에게는 정치는 지구상에 살며 세계에 거주하는 인간들 사이의 일로 지평이 확대되고 일반화되었다.

---

27 HC는 Hannah Arendt, *The Human Condition*, Chicago & London: The University of Chicago Press, 1998이고 그다음에 나오는 숫자는 쪽수이며 번역은 필자가 직접 하였다. 앞으로 이 책은 이렇게 표기할 것이다.

만약 우리가 정치를 국민국가 내의 일로 한정시켜서 사고한다면 현재 우리는 국가의 절대주권과 같은 범주에 갇히게 되어 이스라엘과 팔레스타인 사이의 일들이 —그리고 우리나라 같으면 예멘의 난민들이— 우리의 시야에서 벗어나 버리고 말 것이다. 그래서 아렌트는 정치의 지평, 즉 인간들의 정치적 활동의 지평을 일개 국민국가가 아니라 지구 전체로 확대시킨다.

물론 인간의 지평을 우주로 넓힐 수도 있을 것이다. 그러나 아직까지는 "지구는 인간의 조건의 정수이다"(HC, 2). 왜냐하면 우주에서는 인간이 작업을 통해서 완전하게 인공적인 세계를 건설하지 않고서는 숨을 쉬거나 활동할 수 없기 때문이다. 그래서 현재까지는 우주가 아니라 지구가 인간의 조건이다. 즉 인간의 활동 전체가 지구에 의해서 제약을 받기도 하지만 동시에 인간 활동의 지평과 공통된 터전이 지구이다. 우리는 이제 그리스인들이 폴리스에서 느꼈던 친숙한 감정을 지구 전체에서도 느껴야 할 것이다.

아렌트에 따르면 인간의 활동activity은 크게 세 가지, 즉 '행위action'와 '노동labor'과 '작업work'으로 이루어져 있다. 아리스토텔레스는 원래 인간의 모든 활동들을 정치적인 활동인 '행위*praxis*'

와 비정치적 활동인 '생산*poiesis*'으로 구분했었는데 아렌트가 이를 비정치적 활동인 생산에 상응하는 '노동'과 근대에 과학, 기술의 발달로 분명해진 '작업'으로 발전시킨 것이다.

생물인 인간이 살기 위해서는 여러 가지 사물들이 필요하다. 그래서 인간은 '노동'을 할 수밖에 없다. 그런데 인간의 세계는 자연만으로 이루어진 것이 아니다. 인간은 자연환경과는 아주 다른 인공적인 세계를 만들었고 그 안에서 살고 있다. 그리고 이러한 인간 활동이 바로 '작업'이다.

현대로 올수록 '노동'과 '작업'은 점차 인간 활동의 주류를 이뤄 가지만, 이 활동들은 비정치적이다. 정치는 이것들과는 범주적으로 아주 다른, 인간 고유의 활동인 '행위*praxis, action*'로만 이루어져 있다. '노동'이나 '작업'과는 달리 '행위'는 직접적으로 인간들 사이에서만 이루어지기 때문에 동료 인간들만 있으면 충분하고 다른 사물들은 필요가 없다. 한마디로 **정치는 인간들 사이에서 그리고 인간들 사이에서만 일어난다.**

그런데 이렇게 정치가 '인간들 사이between men'의 일이라면 사회의 영역과 어떻게 구분될 수 있는가 하는 질문이 제기된다. 왜냐하면 앞에서 언급하였듯이 '정치적인 동물*politikon zōon*'이 라틴어 번역의 '사회적 동물*animal socialis*'로 이해되어 온 결과, 정치적 영역과 사회적 영역의 관계가 모호하기 때문이다. 아렌트는 토마스 아퀴나스가 '정치성＝사회성'이라는 등식을 확립시켰다고 비판한다.

> "*homo est naturaliter politicus, id est, socialis*(사람은 자연에 의해서 정치적이다, 즉 사회적이다). 이렇게 무의식적으로 정치성을 사회성으로 바꾸어 버린 것은 '그리스어[에서 간직하고 있던] 정치에 대한 원래적인 의미가 어느 정도로 [심각하게] 상실되었는지'를 [다른] 어떠한 정교한 이론보다도 더 많이 폭로해 준다"(HC, 23).

개념의 역사적 변천을 통한 개념의 혼란은 정치 개념 자체의 두 필수 요소인 "'행위'와 '함께 존재함*being together*'" 때문이기도 하다. 왜냐하면 '인간들이 함께 모여서 서로 관계 맺고 있음'을 가장 잘 표현해 주는 개념이 바로 '사회성*the social*'이기 때문이다. 특히 근대 산업혁명과 자본주의체제 이후로 정치적 영역이 사회적 영역으로 환원되어 왔던 현실 때문에 이 개념적 혼란은 더욱 심화되었다. 그러나 아렌트는 공공의 영역인 정치적 영역을 사적인 영역으로부터뿐 아니라, 사회적 영역으로부터도 날카롭게 구분한다. 그리고 이 점이 아리스토텔레스를 넘어서는 그녀의 공적이다.

아렌트의 사회와 정치의 날카로운 분리를 이해하기 위해서는 우선 공공의 영역을 사적인 영역으로부터 구분해 낸 아리스토텔레스가 필요하다. 가족oikos, oikia은 사적인 영역이고 공적인 영역은 폴리스의 영역이다. 사적인 영역, 그러니까 아리스토텔레스식으로 생산의 영역은 아렌트에게는 노동과 작업이다.

그중에서도 노동을 보자면 아렌트에게 노동은 타인들과 분리되어[28] 사물과 교섭하는 고독한 활동이고 그런 한에서 "철저한 고독 속에서 노동하는laboring in complete solitude 존재는 인간이라기보다는 [단지] 단어의 문자적 의미에서 *animal laborans*노동하는 동물일 것이다"(HC, 22). 그리고 노동하는 인간이 고독한 것은 그가 "자신의 것idion인 것", 즉 사적인 것만을 알 뿐 "공동체에 관련된/속한 것koinōn인 것"(HC, 24), 즉 공적인 것을 알지 못하기 때

---

28 여기서 말하는 '타인과 분리되었다'라는 것은 당연히 예컨대 같은 공장에서 일하지 않는다는 것이 아니라, 연대감이 없이 같이 있으면서도 홀로 일한다는 의미이다.

문이다.

그에 반해서 정치적 삶은 "공적이고 정치적인 문제에 헌신된 삶"(HC, 12)이기 때문에 동료 시민들과 연결될 수밖에 없다. 더 나아가서 사적 영역으로부터 구분되는 공적 영역의 또 하나의 특징은 자유이다. 이 자유는 일차적으로는 소극적으로 "인간적인 필요들과 결핍들로부터 벗어난, 독립적인"(HC, 13) 상태로 규정되지만, 적극적으로 "아주 특별하고 자유롭게 선택된 정치조직"인 폴리스에서 비로소 성취된다. 그래서 정치적인 삶의 형태*bios*는 "자율적이고 진정으로authentically 인간다운 삶의 길"로서 충분히 위엄이 있는 삶이다.

자유는 단지 자기 하고 싶은 대로 하는 것이 아니라, 자율성(=자기가 정한 원칙에 따라 자기를 규제함)이고 진정성(=진정으로 자기다움)이다. 예컨대 개미집의 개별 개미들이 공적인 영역이 아니라 사적인 영역에 속하는 이유는 그것들이 제각각이기 때문이라기보다는 오히려 생존의 필요와 결핍에 묶여 있기 때문이다. 일개미들은 외부의 강제 없이 제멋대로 움직이는 것처럼 보인다고 할지라도, 결국 그 움직임을 조정하는 것은 생존의 필연성인 것이다.

이러한 사적인 삶은 아무리 풍요로워도 "'단순히' 필연성에 '불과'한'merely' a necessity" "전제군주despot의 삶의 길"이다. 이것은 전체의 효율성을 위해서 가족의 가장은 노예, 부인, 아이들을 전제적인despotikos 방식으로 지배한다는 아리스토텔레스의 주장을 연상시킨다. 근대에서 현대로 올수록 노동은 점점 사회에서 결정적인 역할을 하지만, 아렌트에 따르면 '노동'은 다만 곤충들과 같은 생존 활동에 불과할 뿐이다.

아리스토텔레스로부터 공적 영역과 사적 영역 구분을 물려받은 아렌트는 근대적 현상으로서 —이전의 양자택일에는 아직 없었던— 사회라는 새로운 영역을 확보한다. 그녀의 사회 개념은 근대의 ① 새로운 영역이고, ② 새로운 지배 형태이자, ③ 새로운 삶의 형식이라는 세 요소로 구성되어 있다.[29] ① 경제가 고대의 가족경제의 차원으로부터 국민경제의 차원으로 이행하면서 사회가 생겨났다.

---

29 이 세 요소 구분을 비롯하여 이하의 논의를 위해서 김홍중, 「사회로 변신한 신과 행위자의 가면을 쓴 메시야의 전투 —아렌트의 사회적인 것을 중심으로」(『한국사회학』 제47집 5호, 2013)를 많이 참고하였다.

"엄밀하게 말해서 사적인 것도 아니고 공적인 것도 아닌 사회적 영역의 출현은 비교적 새로운 현상이며 이 현상의 기원은 근대의 출현과 시기가 일치하며 또한 이 현상의 정치적 형태는 국민국가 nation-state이다. … 이러한 발전에 상응하는 과학적 사고는 더 이상 정치학이 아니고 '국민경제학' 혹은 '사회경제학' 혹은 [독일어로] '국민경제학Volkswirtschaft'이다. … 경제적으로 조직되어 하나의 초-인간적인super-human 가족의 복제품이 되어 버린 가족들의 집합체는 우리가 '사회'라고 부르는 것이며 그 조직의 정치적 형태는 '국민'이라고 불린다"(HC, 28 이하).

이렇게 사회란 가족의 경제적 성격이 국가 전체의 규모로 확산되며 생긴 것이기 때문에 사적 성격과 공적 성격을 모두 갖게 되는 잡종적인 어떤 것이다. 가족경제의 단위에서 경제는 가족에 국한되었었지만, 국민경제의 단계에서는 국가나 정치의 목적이 되었다. 경제질서를 지키고 경제를 발전시키는 것이 국가의 임무이다. 그리고 이것이 정치의 경제화이다. 그래서 ─우리가 신자유주의 정치에서 확인하듯이─ 정치의 고유한 영역은 이제 더 이상 지켜질 수 없다.

"이전에는 가족이 행위의 가능성을 배제하였었는데 [이제는] 사회
의 모든 차원에서 사회는 행위의 가능성을 배제한다"(HC, 40).

가족과 사회가 모두 진정한 의미에서의 정치를 배제한다는
점에서는 동일하지만 이제 사회는 정치를 포섭해 버린다는 점
에서 차이가 난다. 이러한 사회의 우위는 요즈음 우리나라에서
대통령이나 국회의원 후보자들이 모두 자신을 유능한 CEO라
고 자천自薦하는 모습 속에서 잘 볼 수 있다.

② 사회에는 지배가 없는 것이 아님에도 불구하고 그 지배자
는 보이지 않는다. 이전에 군주가 직접 나서서 지배하던 것이
이제 산업사회에서는 "일종의 '누구도 지배하지 않는 지배a kind
of no-man rule'로 전환되었다. … 우리가 정부의 사회적 형태로부
터, 즉 관료제로부터 아는 것처럼 … '아무도 아닌 자의/익명의
지배the rule by nobody'가 반드시 지배가 아닐 필요는 없다. 어떤 특
정한 상황하에서는 그것이 실제로 가장 무자비하고 가장 폭군
적인 지배로 변하기도 한다"(HC, 40).

근대의 자유주의는 가능한 작은 정부를 원했으며 현재의 신
자유주의는 시장의 자유를 말한다. 그러나 이것들이 지배의 소

멸을 말하는 것은 아니다. 오히려 이는 사회의 —부드럽지만 촘촘한— 지배다. 특히 베버가 경탄한 합리적 지배체제인 관료주의는 그 합리성으로 인해서 훨씬 효율적인 지배다.

자유주의 경제학자들은 '보이지 않는 손'의 —절대군주의 폭력적 지배와 비교하자면— 정말 부드럽지만 또한 효율적인 지배를 믿는다. 즉 "전체로서 사회에 [단지] 하나[만]의 이해관계가 존재한다고 상정하는데, 이것은 사회가 '보이지 않는 손'으로 사람들의 행동을 이끌고 그들의 충돌하는 이해관계들을 조화시키는 덕택이다"(HC, 43 이하).

③ 이러한 사회의 지배 혹은 무지배the rule by nobody는 아주 강력해서 삶의 획일적인 형태를 낳게 되었다. 그것이 바로 평준화와 체제순응주의인데, 바로 이것에 저항해서 루소나 다른 낭만주의자들이 사회에 도전하고 반란을 일으켰던 것이다. 즉 "사회적인 것의 평준화하는 요구에 저항해서, 오늘날 우리 같으면 어느 사회에나 내재해 있는 체제순응주의라고 부를 만한 것에 저항해서"(HC, 39) 그랬던 것이다. 이것이 아렌트가 발견한 —고대 폴리스 시민의 평등과 대조되는— 근대의 평등이다.

"사회에 내재한 체제순응주의에 기초해서 그리고 '행동behavior'이 인간관계의 가장 중요한 양태로서 '행위action'를 대신했기 때문에, 단지 그 때문에 가능해진, 이러한 근대의 평등은 어떠한 측면에서도 고대의 평등, 그리고 특히 그리스 폴리스의 평등과 다르다"(HC, 41).

고대의 평등은 당연히, 각자의 자율성과 진정성이 드러나는, 인간 고유의 활동인 행위의 조건이었으나, 근대의 변질된 평등은 평준화와 체제순응주의의 평등이다. 사회의 지배는 아주 강력하게 각 개인의 내면으로 파고들어서 결국 개인들 사이의 차이를 소멸시킨다. 우리가 시장에 의존하면 할수록 생활의 리듬이나 노동의 형태 그리고 우리의 소비 생활은 물론이고 결국 우리의 가치관까지 획일화되는 것이다.

이러한 상황 속에서는 "경제학에서 상정된 전체로서의 사회의 [단] 하나의 이해관계와 마찬가지로 살롱에서 상정된 상류 사회의 [단] 하나의 의견"이 사회 전체를 그리고 구석구석을 지배한다. 그리고 여기서는 정치의 절대 조건인 다수성/다원성이 질식된다.

이제 다수성plurality(아리스토텔레스의 다수plēthos)으로 되돌아가
보자. 원래 아리스토텔레스의 개념인 *plēthos*가 하나*mia*에 대립
되는 다수를 의미했지만 아렌트가 사용한 개념인 plurality는
—우리가 여기서 '다수성'으로 번역하기는 했지만— 단지 양적
인 다수를 넘어 —다수의 사람들이 모이게 되면 당연히 다양한
의견들이 생기게 마련이고 그 때문에 생겨난— 다원성의 의미
로 쓰일 수도 있는 개념이다. 그래서 다원성의 의미에서 보자
면 다수는 동일한 것들의 반복이 될 수 없다. 실제로 그렇지는
않지만 한번 가정을 해 보자.

"만약 인간들이 무한정 재생산될 수 있는, 동일한 모델의 반복이
어서 인간의 본성이나 본질이 모든 인간에게 동일하고 또한 [인간
이외에] 다른 사물의 본성이나 본질과 마찬가지로 예측이 가능하
다고 가정해 본다면, '행위'는 불필요한 사치품이자, '행동behavior'
의 일반적인 법칙을 변덕스럽게 벗어나는 혼란이 되고 말 것이
다"(HC, 8).

정치가 다수의 인간들 사이에서 벌어지는 활동이라고 하지

만 그 다수성은 서로서로 다른 개성을 지닌 인간들의 다수이다. 한마디로 말해서 **정치란 서로 다른, 다수의 인간들 사이의 활동**이다. 만약 다원성이 담보되지 않는다면 정치도 결국 개미굴의 일개미들이 일하는 것처럼 동일한 모델의 활동일 것이고 예측 가능한 활동이 되고 말 것이다.

이렇게 표준화되고 체제순응적인 활동을 아렌트는 '행동behavior'이라는 개념으로 표현하는데 이것은 '행위'가 아니다. 지극히 인간답고 또한 인간의 위엄의 원천인 '행위praxis, action'는 정형화된 통상적인 활동이 아니라, 개개인에게 고유한 그만의 활동이다. 이렇게 정치는 본성상 다수이고 또한 서로 다른 존재들이 각자 고유의 활동을 하는 것이라고 규정됨으로써 플라톤의 철인왕국에는 정치가 없음이 분명해진다.

물론 플라톤의 국민들도 다수인 것은 마찬가지다. 또 그들은 수에 있어서만 다수일 뿐 아니라 ―국가의 서로 다른 역할을 수행하기 위한 기능적 본성들에 있어서― 차이가 나는 다수이기도 하다. 그러나 이 차이들은 단지 ―아직은 작업의 영역이 본격화되지는 않았으므로― 노동의 영역에만 한정되는 차이일 뿐이며, 그렇지 않은 측면에서 보자면 같은 모델의 반복이다.

특히 생산자들은 정의의 신념을 교육받아서[30] 정형화된 사고를 하며 정형화된 행동만을 할 뿐이지 공동체 문제에 관해서 각자가 자기 고유의 사유를 하고 그래서 언어를 통해서 그것들을 서로서로 교환하여 그들 서로 간의 예측 불가능한 관계들을 지속적으로 형성하지는 않는다. 조금 심하게 말해서 개미굴의 개미들이 하는 식량조달 활동들이 대동소이한 것과 마찬가지로 '행동behavior'한다.

개개인과 개별 행위의 독자성과 독창성을 위해서 아렌트는 '사멸성mortality'과 '탄생성natality'을 강조한다. 인간은 죽을 수밖에 없는 존재다. 그러나 정치의 장에서 보자면 그는 단순히 사멸하고 말지는 않는다.

"행위가 정치체들political bodies을 창설해 내고 유지해 내는 한, 그

---

30 철인왕국에서 지배자인 철학자는 의견이나 신념에 머무를 수는 없고 영원한 진리에 대한 참다운 인식에까지 나아가야만 하지만, 수호자들이나 국민 대다수인 생산자들은 정의에 대한 신념으로 충분하다. 물론 정의의 신념도 없이 수호자들이 불의한 행동을 한다면 정말 커다란 문제가 되겠지만 생산자들도 불의에만 끌린다면 이 국가는 유지될 수가 없을 것이기 때문이다. 플라톤의 국가는 결코 경찰국가가 아니라, 교육국가인 것이다.

것은 기억의 조건을, 즉 역사의 조건을 형성한다. ⋯ 행위는 '탄생성natality'이라는 인간의 조건에 가장 밀접하게 연결되어 있다. 단지 신생아가 '어떤 것을 새롭게 시작하는of beginning something anew' 능력, 즉 행위하는 능력을 소유하고 있기 때문에, 단지 그 때문에만 출생에 내재해 있는 '새로운 시작the new beginning'이 세계 속에서 감지될 수 있다. 주도권initiative을 이렇게 이해할 때 행위의 요소 그래서 탄생성의 요소는 인간의 모든 활동들에 내재되어 있다. 더 나아가 행위가 탁월한 정치적 활동이기 때문에 사멸성이 아니라 탄생성이 형이상학적 사고와 구분되는 정치적 사고의 중심적 범주일 것이다"(HC, 9).

행위는 정치적 공동체를 계속해서 새롭게 형성한다. 왜냐하면 '**행동**'이 특정 유형의 반복인 데 반해서 '**행위**'는 항상 **새롭게 시작하는 것**이기 때문이다.

이처럼 행위는 예측 가능하지 않고 행위를 통해서 언제나 낯선 것, 새로운 것이 발생한다. 아렌트는 이 새로운 시작the new beginning을 '탄생성natality' 개념을 통해서 구체화한다. 탄생과 함께 공동체에는 낯선 인간이 등장하고 그 때문에 새로움, 참신

함이 등장한다. 그래서 기존의 인간 관계망이나 공동체 자체가 새로워진다. 이것이 기억으로서 역사의 조건이다.

탄생이 없고 행위가 없으면 역사도, 공동체의 공동의 기억도 없이 다만 꼭 같은 것의 반복만이 있을 것이다. 그리고 반복은 기억을 필요로 하지 않는다. 이를테면 플라톤이 추구하는 철인왕국에는 ─정의라고 하는 형이상학적인 영원한 모델이 지속되기를 염원하기 때문에─ 새로움과 그 기억을 의미하는 역사가 없을 것이다.

"공공의 영역 그 자체인 폴리스에는 격렬한 고통의 정신이 배어 있었다. 거기서는 유일한 활동이나 성취를 통해서 그가 모든 사람들 중에서 최고임*aien aristeuein*(항상 최선임)을 입증하기 위해서 누구나 지속적으로 자신을 모든 사람들로부터 차별화해야 했다. 다른 말로 해서 공공의 영역은 개성individuality을 위해서 예비되어 있었다. 그것은 사람들이 그들이 실제로 그리고 대체할 수 없이inexchangeably 누구인지를 보여 줄 수 있는 유일한 장소였다"(HC, 41).

아렌트는 정치적 행위자들의 유일성과 개성, 그리고 차별성과 탁월성을 아름답게 묘사하고 있다. 이런 존재들과 그들의 행위들, 그리고 업적들은 사라지지 않고 새로운 서사가 되어 공동체의 기억 속에 언제나 머물러 있게 마련이다. 이러한 정치철학이 현실에 적용된다면 참여주의적 민주주의에 가장 가깝지 않을까 생각한다.

우리는 우리의 형식적인 '절차적 민주주의'에서 언어와 행위는 남들에게 맡긴 채, 투표만을 행한다. 아렌트에 따르면 이것은 민주주의도 자유도 아니다. 고대 그리스처럼 직접민주주의를 실천하기는 불가능하더라도 참여주의적 민주주의는 ─아렌트의 도움을 받아서─ 한번 도전해 봄 직하다.

3. 폴리스 내의 다수성의 발견

1) 다수성의 의미

아리스토텔레스는 아렌트와는 달리 '정치' 또는 '정치적인 것'을 독자적인 주제로 다루지 않았다. 그에게는 정치보다 폴리스가 더 중요해 보인다. 그렇기에 우리는 그의 폴리스관 속에서 그의 정치관을 찾아보아야 한다. 아렌트는 '다수성plurality'을 '정치의 절대 조건'으로 규정하고 그것을 개개인의 '유일성'과 전체로서의 '다양성'으로 이해하여 시민 누구나가 공적 영역에서 자기를 드러낸다는 이상을 추구한다. 그리고 플라톤은 분열이 없이 참으로 '하나'가 된 이상국을 원했지만, 아리스토텔레스는 플라톤을 비판하고 아렌트처럼 '다수성plēthos'을 강조했다. 그럼에도 그 내용은 아렌트와 제법 다르다.

폴리스는 통합되어야 하지만 어느 한계 이상으로 '하나mia'가 된다면 그것은 더 이상 폴리스가 아니다oude polis. "왜냐하면 폴리스는 본성상 다수plēthos이기 때문이다"(II, 2, 65). 아리스토텔레스에게 다수성은 일차적으로 정치의 조건이라기보다는 '폴리스의 조건'이다. 우리의 입장에서 평가해 보자면, 좋은 국가는 잘 통합된 국가라는 플라톤의 주장이 설득력이 없지는 않다. 우리나라만 하더라도 정치인들은 늘 '국민통합'을 부르짖고 상대를 '국론분열'의 주범이라며 공격하기가 일쑤다. 그렇지만 아리스토텔레스는 폴리스가 '본성상 다수'이기 때문에 '하나'가 됨에는 한계가 있지 그 이상을 넘어가면 안 된다고 비판한다.

이것도 역시 ─익명적이고 거대한 국가 안에 살고 있는 우리가 아리스토텔레스보다 훨씬 더 기꺼이— 수긍할 수 있다. 우리 개개인은 서로 아주 다르기 때문에, 완전히 하나가 되어 개미집과 같이 단지 구심력만 존재하는 —전체주의 국가와 같은— 국가는 국가 아닌 국가, 즉 반反국가라고 여겨진다. 국가는 노예나 동물의 군집 생활이 아니기 때문이다. 이것이 포퍼가 플라톤을 반대하는, 가장 큰 이유이다.

아리스토텔레스가 폴리스에서 확인한 다수성*plēthos*은 아렌트의 '다수성plurality'과 동일한 개념일까?

"폴리스는 단지 다수의*pleionōn* 사람들로 구성된 것뿐 아니라 역시 그 種種에 있어서 [서로서로] 다른 사람들로*ex eidei diapherontōn* 구성되어 있다. 왜냐하면 폴리스는 동일한 사람들로부터는*ex homoiōn* 생겨나지 않기 때문이다"(II, 2, 66).

이것을 보면 아렌트의 다수성plurality과 비슷해 보인다. 아리스토텔레스가 마치 아렌트처럼 반복 재생산되는 사람들, 즉 수만 다수일 뿐 동일한 모델의 사람들만으로는 폴리스가 안 된다고 주장하는 것 같다. 물론 '하나가 됨*mia*'에 대해서 반대한다는 점에서 보자면 폴리스는 동일한 유형의 일개미들밖에 없는 개미집이 아니라고 본다는 점에서 두 사람의 견해는 일치한다.

그러나 다수성*plēthos* 자체에 대해서 살펴보자면 아리스토텔레스는 아렌트와 다르다. '자신을 다른 사람들로부터 지속적으로 차별화시키는 고유한 개별자들의 다양성'이란 아리스토텔레스에게는 지나치게 개인주의적인 개념이기 때문이다. 그의 다양성은 그보다는 훨씬 온건하다.[31] 고대인이었던 아리스토텔레스에게 근대의 '개인의 발견'은 아직 없었다. 그는 다만 플라톤의 ─정의로운 신념에 따라─ 일사불란하게 움직이는 폴리스로부터 아렌트의 유일성과 개성으로 향하는 도중의 그 어디엔가 서 있었다.

우리가 우선 생각할 수 있는 다른 종류*eidos*의 인간들이란, 본성상 주인과 본성상 노예 그리고 남자와 여자를 의미할 것이다. 아리스토텔레스는 어쩌면 이렇게 다양한 종류의 인간들이 폴리스를 구성해서 다양한 역할을 맡아서 폴리스를 영위한다고

---

31 이 이하의 논의는 Aristoteles, Eckart Schütrumpf, *Politik Buch II-III*, Darmstadt, 1991, 157-173쪽의 각주와 주광순, 「아리스토텔레스의 정치학」, 『대동철학』 제34집, 2006, 257-262쪽을 참조하였다.

생각하는지도 모른다. 당시의 열악한 생산력으로는 노예의 경제 활동에 의존하지 않은 시민의 생활은 불가능하기 때문이다.

그러나 노예와 여자와 아이는 지배를 받기만 하는 층에 속하므로 정치 문제에서는 제외시켜야 한다. 왜냐하면 정치는 자유롭고 동등한 시민들 사이의 일이기 때문이다. 아리스토텔레스에 따르면 노예는 선천적으로 피지배에 적합하도록 태어났는데, "지배[에 적합한 사람]와 피지배[에 적합한 사람]는 종에 따라 다르지eidei diapherei 다소의 차이는 결코 아니다"(I, 13, 57).

여기서 말하는 종적 차이는 시민으로부터 배제시켜야 할 정도로 과격한, 선천적인 차이다. 그러므로 폴리스를 구성하는 시민들 사이의 종적 차이는 훨씬 온건한 차이일 수밖에 없다. 우리는 아리스토텔레스의 다수성을 '시민들이 선천적으로 서로 다른 직종들에 어울리는 차이를 가지고 태어났다'라는 정도로 이해하는 것이 좋을 것이다. "왜냐하면 폴리스들은 하나가 아니라ouk ex henos 많은 것들[=부분들]로ek pollōn 구성되어 있기 때문이다"(IV, 4, 208).

여기서도 하나 대 다수를 말하지만, 이 다수는 폴리스를 이루는 그룹들의 다수로 식량을 생산하는 계급인 농부, 생필품과 사치를 위한 직공계급, 거상이나 소상의 상인계급, 품팔이계급 그리고 전사계급 등이다. 이렇게 보자면 아리스토텔레스의 폴리스는 플라톤의 철인왕국과 별 차이가 없다. 두 사람 모두 사람들 사이의 차이를 정치의 조건으로 이해한 것이 아니라, 폴리스 내에서의 '분업과 전문화'의 조건으로 이해했다.

이렇게 본다면 폴리스는 그 본성상 다수라는 아리스토텔레스의 비판은 아렌트식의 다양성에 비해 충분치 않다. 그는 아렌트처럼 개개인의 다양성이나 유일성을 발견한 것이 아니라 단지 플라톤과 ─최소한 그의 생산자층으로 보자면─ 비슷한 정도의 다양성을 발견했을 뿐이기 때문이다. 아렌트의 견해에 따르면 정치는 유일성과 다양성의 결과이다. 우리가 개미굴의 일개미들처럼 동일한 종류라면 정치는 사치이고 우리는 단지 지도자를 따르기만 하면 된다.

그런데 아리스토텔레스는 현대인 아렌트처럼 개인의 유일성을 발견한 것은 아니다. 왜냐하면 그라면 이러한 유일성 강조는 너무 개인주의적이어서 국가 공동체를 해체시킬 수도 있는 위험이라고 여길 것이기 때문이다. 이 점에서 그는 아직 고대인이다. 그러나 그는 ─그의 선배인 플라톤에 비교하자면─ 다양성의 '정치학적 의미'를 발견했다는 점에서 명백한 진보를 이룩했다.

비록 아리스토텔레스의 다양성은 아렌트의 '개인의 유일성'이나 '다양성'과는 차이가 있었지만 그는 '다양성'을 주제로 삼아 고민했다는 점에서 플라톤과 차이가 있었다. 즉 플라톤의 다양한 생산자층이 기능하는 '하나의' 폴리스는 아리스토텔레스에 이르러 '다양한' 그룹들이 행위하는 폴리스로 변모한다. 이는 내용상의 차이는 크지 않을지라도 강조점이 '하나'에서 '다수'로 옮겨간 것이었다. 또한 아리스토텔레스는 다수성$plēthos$을 양量, $posos$과 종류$eidei$로 구분할 줄도 알았다. "하나를 구성하는 것[=부분]들은 종種에 있어서 차이가 난다"(II, 2, 66).

아리스토텔레스에게 폴리스는 단지 양적으로만 다수일 뿐 아니라 종류에 있어서도 차이가 나는 여러 그룹들의 복합체이다. 그러므로 "폴리스는 단지 다수의 사람들로 구성된 것뿐 아니라 역시 그 종種에 있어서 [서로서로] 다른, 사람들로 구성되어 있다. 왜냐하면 폴리스는 동일한 사람들로는 생겨나지 않기 때문이다"(II, 2, 66)라는 결론이 도출된다. 이제 이 문장은 다르게 읽힌다. 아리스토텔레스에게 폴리스는 비록 개성과 차이의 개인들로 이루어진 것은 아니지만, 적어도 **폴리스는 하나의 전체와 다수의 집단들 간의 '긴장' 관계 속에서 존재한다.**

다수의 직업군은 이해타산에 있어서 차이를 낳게 되고 차이는 갈등을 유발한다. 이 갈등을 무시하고 다만 '하나*hen*'의 측면, 즉 공동체(의 통합) 측면에서만 폴리스를 보면 이는 지배 이데올로기로 변질될 수 있다. 현실적으로 상존하는 갈등을 인정할 때에만 폴리스는 이 갈등이 어떻게 하면 폭력을 동반한 전쟁으로 끝나지 않고 평화적으로 조정이 될 수 있을까를 고민할 수 있다. 이 점에서 홉스와 유사하지만, 아리스토텔레스는 다른 해결책을 제시한다. 다양한 직업군의 시민들은 자유롭고 평등하기에 민회에서 자신들이 선호하는 바를 자유롭게 개진하고 또한 돌아가며 지배에 참여하여 공적인 사안들을 자신들이 좋아하는 방식으로 처리한다. 이것이 아리스토텔레스식의 정치다.

이와 더불어 아리스토텔레스는 플라톤의 '하나' 대신에 '자족 *autarkeia*'을 이상으로 내세운다. '자족'은 현대 우리에게는 낯선 개념이지만, 그의 정치학에서는 이상을 나타내는, 아주 중요한 개념이다. 폴리스가 완전한 공동체*koinōnia teleios*인 근거는 "자족에 있어서 최대치*peras tēs autarkeias*", 즉 최고의 자족에 도달했기 때문이다(I, 2, 20). 가족과 부락으로 확대되던 공동체는 폴리스에서 완전히 자족적인 단위가 된다.

자족 개념은 '다수*plēthos*'와 '하나*hen*'라고 하는, 서로 긴장을 유발하는 두 요소를 필수적으로 포함하고 있다(이하 논의는 II, 2, 67 참고). 그래서 아리스토텔레스에게 폴리스는 통합되어서 하나로 되어야 하지만, 그 하나는 동일한 모델들의 반복으로 인한 획일성이 아니라 서로 다른 종류들이 모여서 하나가 되는 **자족적 통일성**이다. 자족적인 공동체는 서로 다른 능력과 자질을 지닌 다수의 존재들이 모였기 때문에 외적으로부터 자립적으로 자신을 '지킬*sōzei*' 능력이 있다.

자족의 관점으로 보아도 폴리스는 최선이다. 왜냐하면 개인보다 가족이 더 자족적이고 가족보다는 부락이 그리고 부락보다는 폴리스가 더 자족적이기 때문이다. 폴리스에 비하면 부락까지는 경제적이든, 정치적이든, 군사적이든 정말 독립된 단위라고 말하기에 부족하다. 이제 아리스토텔레스는 플라톤과는 정반대의 결론에 도달하게 된다. "더 많이 자족할 수 있는 것이 더 좋다면 더 작은 통일성이 더 많은 통일성보다 더 바람직하다." 이렇게 강조점이 하나에서 다수로 넘어갔다. 부락이나 가족과는 달리 폴리스가 외부로부터 자족할 수 있으려면 그 구성원이 다양하여 다양한 능력을 가지고 있어야 한다. 이 경우에만 한 공동체는 독립적으로 잘살 수 있을 것이다.

2) 차이와 평등

아리스토텔레스가 자족의 이상을 통해서 폴리스의 다수성을 옹호하고 향유하지만 다수성과 다양성은 좋기만 한 것은 아니다. 전쟁으로라도 치달을 수 있는 갈등은 어떻게 할 것인가? 이를 막기 위해서 플라톤은 '정치' 대신에 철학자의 '지배'를 주장했다. 그러나 아리스토텔레스의 해결책은 '자유와 평등'이고 '정치'이다.

그에게는 가족과 폴리스의 이분법이 존재한다(이하의 논의는 I, 7, 35 참고). 가족에서는 가장을 중심으로 노예, 여자와 아이가 수직적 구조를 이룬다. 그러나 폴리스에서 시민들은 자유롭고 평등하므로 수평적 구조이다. 그러므로 **가족은 '전제적 지배** *despoteia arche*'의 영역이지만 폴리스는 '정치적 지배*politikē archē*'의 영역이다. 그리고 아리스토텔레스는 차이로부터 필연적으로 나오게 마련인 갈등을 '정치적 지배'를 통해서 해결하려고 한 것이다.

현대의 정치라는 개념은 당시에 아직 확정되지 않았기에 아리스토텔레스는 '정치적 지배'와 '정치적 기술*politikē technē*'이라는 두 용어를 혼용하고 있다. 두 용어에 들어 있는 지배나 기술이나 우리에게는 어색하고 유쾌하지 않다. 그러나 가족의 전제적 지배와 대조시켜 보면 폴리스의 정치적 지배가 얼마나 정치학적 진보인지 확인할 수 있다.

"정치적 지배는 자유로운 사람들*eleutherōn*과 평등한 사람들을 *isōn* 지배한다." 정치도 지배이기는 하지만 이 지배는 다른 지배의 형태들과는 달리 자유롭고 평등한 사람들 사이에서만 발생한다. 자유롭고 평등하기 때문에 지배자와 피지배자가 구분되지 않는다. 그러므로 이 지배는 획일적이고 일사불란한 진행이 아니라, 갈등을 끊임없이 조정해 가야만 하는, 지난한 과정이 된다. 아리스토텔레스는 '정치'를 위해 자유와 평등을 선택함으로써 플라톤이 고심하던 조화와 효율성은 어느 정도 포기한 것이다.

비록 아리스토텔레스가 비록 시민들의 '다양성과 차이*plēthos*'

뿐 아니라 평등성*ison*도 막연하게라도 자각하고 있긴 했지만, 그도 플라톤과 마찬가지로 귀족주의자였다. 플라톤은 사람들이 지적일 뿐 아니라 윤리적인 '능력'에서 차이가 난다고 믿었다. 그리고 이 믿음이 그로 하여금 지배자-수호자-생산자로 이루어진 국가 체계를 세우게 만들었다. 아리스토텔레스도 어떤 점에서는 플라톤을 따른다. 그는 비록 노예, 여자, 아이 등은 제외한 시민들을 자유롭고 평등한 사람들이라고 규정했지만, 민주주의자는 아니다.

아리스토텔레스의 견해에 따르면 고위 공직은 일반 시민이 맡아서는 안 되고 상류층이 맡아야 하며 일반 시민 중에서도 특히 수공업자, 소상인, 일용직 노동자 등의 삶의 형식*bios*은 저급해서 그들은 탁월성*aretē*이 요구되는 일을 하지 못한다(예컨대 VI, 4, 340-342). 이것은 전형적인 고대 귀족주의자의 편견이다.

그러나 그는 플라톤식의 거의 신과 같은 철학자가 존재할 리 없으며, 폴리스 내에는 차이와 다양성이 존재하기에 갈등은 피할 수 없다고 생각했으므로 재산과 마찬가지로 권력도 역시 정의롭게 분배하는 것이 좋겠다고 주장한다. 왜냐하면, 차이로 인해서 현실적으로 갈등은 피할 수 없는데, 조화와 일치를 강조하는 것은 단지 통치 계급의 지배 이데올로기로 전락하게 마련이기 때문이다. 그리고 분배의 정의는 '어느 정도'는 평등해서 누구도 권력의 배분에서 전적으로 제외되지는 않는 분배다. 만약에 누구라도 권력의 배분으로부터 전적으로 제외된다면 참지 못할 것이기 때문이다.

차이와 평등으로부터 아렌트가 정치를 이끌어 내는 데 반해서, 아리스토텔레스는 정의로운 지배로 귀결하고 이것이 그에게는 정치적 지배, 즉 정치다. 시민들은 차이도 나지만 평등하기도 하므로 권력이나 재산 등을 '어느 정도' 균등하게 나누어 가져야 한다. 그러므로 그에게 **정치의 영역**은 생산의 영역이 아니라, 일차적으로 **분배적 정의의 영역**이다. 이 점에서 아리스토텔레스는 사회와 분명히 구분되는 정치의 영역을 확보하려는 노력으로 향하고 있다. 다시 말해서 정치와 정의가 빠진, 단지 안보와 경제만을 따지는 사회는 인간답지 못하다. 이는 노예와 동물의 사회다.

정치와 분배적 정의의 결합은 이상주의적 정치학자인 아렌트에게 이상해 보일 수 있다. 왜냐하면 그녀 같으면 정치는 시민 각자의 개성이 표출되는 공적 영역에의 참여이기 때문이다. 그러나 아리스토텔레스에게 정치는 권력의 '너무 불만족스럽지는 않은' 분배이다. 여러 가지 측면에서 이상주의적이기는 하지만 이 점에 있어서 그는 현실주의적 정치 이념을 보여 준다. 왜냐하면 그는 갈등들의 폭발을 막을 장치로서 권력의 배분에 관심을 두기 때문이다.

그는 종種적인 차이라는 화두를 이용하여 폴리스가 실은 다양성과 차이를 가진 그룹들의 복합체이고 그 때문에 언제든지 전쟁으로도 폭발할 수 있는 갈등들을 내포하고 있음을 직시한다. "그래서 상쇄하는 동등/평등*to ison to antipeponthos*이 폴리스를 보존한다*sōzei*"(II, 2, 66)라고 주장한다.

아리스토텔레스는 정치의 주요한 목적들 중의 하나가 국가 공동체의 '보존*sōteria*'이라고 암시함으로써 플라톤이 철인왕국을 구상한 목적인 '재앙들의 종식*kakōn paula*'(『국가』 V, 365)과 궤를 같이한다. 플라톤은 철학자가 전제적 지배를 맡지 않으면 모든 폴리스에 그리고 인류 전체에도 갖가지 재앙이 끊이지 않을 것이라고 주장했었다.

두 사람의 정치관의 차이는 플라톤은 신적인 인간에게 지배를 맡기려고 한다면 아리스토텔레스는 자유롭고 평등한 사람들끼리 정의롭게 지배하게 하려고 했다는 점이다. 그리고 이것이 '정치적 지배politikē archē'이다. 따라서 정의는 정치의 고유한 선to politikon agathon이기에(Ⅲ, 12, 167) 아리스토텔레스의 정치는 다름 아닌 차이를 '상쇄하는 동등/평등to ison to antipeponthos'의 실현을 목표로 한다.

'상쇄하는 평등'은 일차적으로 재화에 대한 분배의 정의를 규정(『니코마코스 윤리학』 V, 5, 175)하는 개념이다. 시민들이 자신들이 생산해 낸 재화들을 서로서로 동등하게 교환할 때 정의롭다. 그리고 여기서는 권력 역시도 동등하게 분배할 때 폴리스가 안전하게 보존된다고 하고 있는 것이다.

아리스토텔레스가 귀족주의자인 한, 그는 시민들에게 권력을 정말 평등하게 분배하지는 않는다. 완전한 평등성은 ―그가 보기에는― 과격한 민주주의자들의 것이다. 그는 권력의 평등한 분배에 있어서 능력과 가치axia에 따라서, 그러나 너무 커다란 불만이 생기지는 않을 만큼의 차등을 둔다. 그러므로 아리스토텔레스식 좋은 정치에는 권력의 불만족스럽지 않은 배분이 필수적이다.

즉 시민들 누구나가 ―그 역할에는 차등이 있지만, 너무 불만족스럽지는 않게— 골고루 공직에 참여하는 것이 그의 정치이다. 그런데 소위 민주주의라고 하는 현재의 시민들의 정치를 보자면 투표하는 것뿐이다. 다른 공공 영역에 참여하는 것은 거의 없다. 어떤 의미에서는 귀족주의자인 아리스토텔레스의 정치가 현재의 형식적 민주주의보다는 더 참여적이다. 그가 그렇게 높이 평가하지도 않았던 일반 시민 대중들도 법이나 전쟁 같은 것을 심의하거나 작은 공직이라도 맡고 또한 재판에 배심원으로 참석하기 때문이다.

우리가 아리스토텔레스를 귀족주의자라고 비난하기는 하지만, 이렇게라도 지배에 참여하는 것이 우리보다는 더 정치적이지 않을까? 그에게 정치란 '자유롭고 평등한 시민들이 적정한 정도로 공정하게 돌아가면서 지배에 참여하는 것'이다. 지배에 참여한다는 것은 투표권 이상이다.

4. 아리스토텔레스: 좋은 삶의 실현으로서의 정치

아리스토텔레스는 폴리스가 '단순한 생존$_{zēn}$'을 넘어서 '좋은 삶$_{eu}$ $_{zēn}$'을 실현하기 위해서 존재한다고 주장한다. 그리고 —4장에서 보듯이 아렌트식으로 보거나 우리의 완전 평등 이념에 비교한다면 이는 분명 최상의 삶의 형태는 아니지만 그래도— 이 좋은 삶의 실현 과정이 그가 말하는 정치적 삶이다. 그가 정치적 삶을 좋은 삶이라고 평가하는 것은 그의 세 개의 대립 개념 쌍들에 근거하고 있다. 1) 전제적인despotikos 지배-정치적politikos 지배와, 2) 생산poiēsis-행위praxis, 그리고 3) 단순한 생존-좋은 삶.

1) 전제적인 지배와 정치적 지배의 이분법

정치적 삶을 좋은 삶이라고 규정할 수 있는 근거들 중 첫 번째 것은 전제적인despotikē 지배와 정치적politikē 지배의 이분법이다. 전제적 지배하에서는 노예나 동물과 같은 삶이 이루어지지만, 정치적 지배하에서는 정치적 삶이 이뤄지고 좋은 삶이 된다. 물론 우리에게는 아무리 정치적 '지배'라고 하더라도 그것이 지배의 범주에 포함되는 한, 아렌트가 이상으로 삼은 '정치'에는 못 미치는 것으로 여겨진다.

왜냐하면 지배는 우리에게 공권력의 개입과 강압을 연상시키기 때문이다. 그러나 아리스토텔레스가 지배라는 용어를 사용하는 것에 저항감을 느끼는 것은 다르게 보자면 현대에서는 일반인들이 정치로부터 소외되어 있다는 사실을 잘 드러내 준다. 아리스토텔레스에게 정치는 일차로 '지배'에의 참여였다. 그러나 우리 같은 일반인은 직접적 지배로부터 배제되어 있기에 지배라면 무조건 타인의 지배가 연상되고 그래서 '정치' 대신 '지배'라는 개념을 사용하면 거부감이 드는 것이다.

그런데 아리스토텔레스가 주장하는 더 중요한 점은 지배라고 해서 다 같은 것은 결코 아니라는 점이다(이하의 논의는 VII, 3, 371 참고). 우리가 그의 지배라는 용어에 거부감을 느끼는 것은 지배를 전제적 지배로 생각하기 때문인데, 전제적 지배와 시민적 지배는 '노예와 자유민만큼이나 차이가 난다.'

두 지배는 여러 가지 점에서 차이가 나는데, 전자에서는 주인과 노예의 신분이기 때문에 주인이 일방적으로 지배하지만 후자는 지배자와 피지배자 모두 자유롭고 평등하기 때문에 번갈아 가면서 지배하고 지배받는다. 그러므로 후자는 정치에 다름 아니다.

두 지배 형태의 결정적인 차이는 지배 계층이 있어서 일방적으로 지배하느냐 아니면 특별한 계층이 없기 때문에 모든 사람이 지배자이고 또한 피지배자이냐 하는 점이다. 아리스토텔레스의 폴리스 시민들은 모두 자유롭고 평등하기 때문에, 누구라도 지배에 직접적으로 참여한다. 또 공직에 선출되는 것은 투표가 아니라 추첨을 통해서 이루어지기에 **누구에게라도 공평하게 지배의 기회가 있다.** 왜냐하면 추첨은 누구에게나 공정한 기회를 제공하겠지만, 투표를 한다면 —현대에서 보듯이— 정치세력들 간의 경쟁과 타협이 지배권 장악에 깊이 관여하기 때문이다. 그렇게 되면 이러한 세력들에 연결되지 못한 일반인들은 쉽게 배제되기 때문이다.

형식적으로는 우리가 더 자유롭고 더 평등하고 누구나 지배에 참여한다. 우리에게는 왕도 귀족도 없기 때문이다. 그러나 우리는 실질적으로는 입법, 사법, 행정적 공직에 거의 참여하지 못한다. 대의민주제이기 때문이기도 하지만 정당정치를 하기 때문에 일반인과 직업적인 정치가의 차이는 더욱 크다. 그래서 일반인은 투표만 할 뿐, 원칙적으로 직접 지배할 수 없으며 피선거권은 원칙적으로 누구에게나 있지만 거대 정당이 밀어주지 않으면 대통령이나 국회의원이 된다는 것은 거의 불가능하다. 그러므로 아리스토텔레스를 읽다 보면 현재 우리의 정치 체계가 실질적으로는 거의 '전제적 지배'에 가까운 것이 아닌가 하는 의심이 든다. 누군가는 정치가여서 지배하고 누군가는 그냥 투표인이다.

현행 민주주의하에서 일반인은 투표를 제외하고 약간의 재판에 배심원으로 참여하는 것 외에는 행정, 입법, 사법에서 완전히 배제되어 있다. 판사는 배심원을 제외하고는 일반인을 아예 신경 쓰지 않고 '지배'하며, 행정부와 입법부에서는 당선되기 위해서만 그리고 표심에만 신경을 쓴다. 행정부 각종 공직자들이나 각종 의회의 의원들은 한번 '지배'의 직책에 오른 후에는 다음번 선거까지 일반인에 대해서 아무 신경도 쓰지 않고 자기들끼리만 '지배'한다.

그래서 아렌트가 그렇게 정치에의 참여를 강조했으며 또한 행정부나 입법부의 공직자들이 잘못하면 그들을 소환하는recall 제도가 중요하다. 아리스토텔레스 당대에 비해서 현재에는 지배와 정치에 직접적 참여가 너무 적다. 링컨이 주장하는 민주주의의 세 요소 중에서 특히 국민의 참여by the people가 부족하다.

그에 반해서 아리스토텔레스의 '시민적/정치적 지배politikē archē'는 다르다. 정치적 지배에서는 지배자나 피지배자가 모두 자유롭고 평등한 사람들이기 때문에 교대로 지배하고 지배받는다. 시민이라면 누구나 지배하며 산다. 왜냐하면 원칙상 추첨에 의해 누구나 공직을 맡기에 형식적으로든 실질적으로든 **아무도 지배에서 배제되지 않기 때문**이다. 이것이 아리스토텔레스의 정치적 삶이고, 정치적 삶은 누구의 의견이라도 ―많건 적건― 공적인 사안에 직접 영향력을 행사해서 폴리스를 형성하는 데에 기여할 수 있는, 행복한 삶이다. 아리스토텔레스의 폴리스는 정말 **시민들의 총체**이고 폴리스 정치는 그들의 **공동 행위들의 총합**이다. 지배받지만 지배하기도 하는 존재야말로 정말 **국민**이 아닌 **시민**이다.

2) 행위와 생산의 이분법

이제 행위와 생산의 대립을 생각해 보자. 앞서 살펴보았듯이 아렌트는 생산을 노동과 작업으로 세분한 것 이외에는 이 대립을 그대로 물려받아 인간의 정치적 활동을 '생산'이 아닌, '행위action, praxis'로 규정한다. 그리고 이 대립은 폴리스와 가족의 대립에 상응한다.

당시는 경제적으로 가족경제의 단계에 있어서 가족은 경제의 영역이고 생산의 영역이며 사적인 영역이었다. 그에 반해서 폴리스는 정치의 영역이고 행위의 영역이며 공적인 영역이었다. 또한 공적인 영역은 진정으로 인간다운 선택과 행복의 영역이기에 행위야말로 좋은 삶의 결정적인 구성요소였다. 아리스토텔레스에게 인간이 개인적으로도 그리고 국가 공동체 전체로도 행복을 추구한다는 점은 분명하다.

욕구의 궁극적 목적이 행복이라는 점은 아무도 반박하지 못할 것이지만, 행복이 무엇이냐는 질문에 대한 답은 너무 다양하기 때문에 행복이 윤리학이나 정치학에서 의미 있는 개념이 되기는 어렵다. 그래서 자유주의적 정치학자들은 선이나 행복을 빼 버린, 소위 가치중립적인 정치학을 추구한다. 그러나 아리스토텔레스는 행복의 내용을 규정하지 않고 형식적인 방식으로 규정함으로써 이 문제를 해결하려고 노력한다. 그는 행복이란 '행복한 감정'이나 혹은 '남보다 유리한 상태' 같은 것이라기보다는 오히려 인간이 적극적으로 활동함으로써 성취하게 되는 어떤 것이라고 생각한다.

아리스토텔레스는 『니코마코스 윤리학』 I, 9, 37에서 "행복을 탁월성에 따른kat' aretēn 영혼의 어떤 활동energeia tis"이라고 규정한다. 그리고 『정치학』 VII, 1, 365 같은 곳을 보자면 행복의 양은 "각자가 가진 탁월함*aretē*과 지혜*phronēsis*와 그에 따른 행위 *to prattein*의 양에 비례한다." 그래서 그에게 행복은 '제대로 사는 것*eu zēn*'과 '제대로 행위하는 것*eu prattein*'이며(『니코마코스 윤리학』 I, 4, 17), 또한 이것들을 통해서 달성할 수 있는 **인간의 내재적 완성** 이다.

이렇게 행복을 기쁜 감정이나 금수저 같은 상태로 여기는 현 재와는 아주 다른 것이 고대의 행복관이었다. 그에 따르면 지 속적으로 제대로 활동함으로써 그리고 전체로서 인생을 제대 로 살아감으로써 우리가 원래 가지고 있던 가능성이 적극 개화 되어 실현되는 인생이 행복한 삶이다. 그리고 우리가 생각해도 이러한 인생이 행복하지 않다고는 못할 것이다. 이렇게 함으 로써 주관적인 행복의 개념이 아닌 어느 정도 객관성이 담보된 행복 개념이 생겨난다.

이러한 사고방식을 배경으로 '관조적 삶*bios theōrētikos*'이 아니 라, '정치적 삶*bios politikos*'을 삶의 이상적 형태로 생각하는 사람 들은 다음과 같이 자신의 입장을 옹호한다. "행위하지 않는 것 *to apraktein*을 행위하는 것*to prattein*보다 더 칭찬하는 것은 옳지 못 하다. 왜냐하면 행복*eudaimonia*이란 행위*praxis*이기 때문이다"(VII,

3, 372) 여기서는 같은 어원에서 나온 단어들이 이어지고 있다.

처음에 나온 '행위하지 않음'은 아무 일도 하지 않고 빈둥거린다는 뜻이지만 마지막에 나온 명사형인 행위*praxis*는 생산에 대립되는 개념으로 쓰여서 정치적 활동을 의미하기도 한다. 여기에 생산과 행위의 대립이 보인다. 이것이 어떠한 활동이 더 행복하고 좋은 삶인지를 판단할 근거가 된다.

"생산*poiēsis*과 행위*praxis*는 그 종種에 있어서*eidei* 다르다 … [인간 고유의] 삶의 방식*bios*은 행위이지 생산이 아니다. 그 때문에 노예는 행위를 위한 것들의 도구=생산재이다"(I, 4, 26).

생산과 행위는 그 종류에 있어서 차이가 나는, 서로 대립되는 것이며 인간 고유의 삶의 방식은 생산이 아니라, 행위이다. 그런데 이 두 개념은 어떤 활동이 그 자체가 목적인지 아니면 그 활동은 그것이 이룩해 낸 결과를 위한 수단에 불과한지에 따라 구분된다.

"행위의 유類,*genos*는 생산의 유와 다르기 때문이다. … 생산은 생산[자체]과는 다른 목적을 갖지만, 행위는 그렇지 않기 때문이다. 행위의 목적은 바로 잘 행위한다는 것*eupraxia* 자체이니까"(『니코마코스 윤리학』 VI, 5, 211).

이 구분만으로도 우리는 형식적으로나마 인간 활동들의 가치에 순서를 매길 수 있다. 목적은 수단보다 더 가치가 있다. 마치 힘든 트레이닝이 건강을 목적으로 수행되는 것이라면 트레이닝보다는 건강이 더 가치가 있으며 건강을 다른 수단을 통해서 달성할 수 있다면 트레이닝은 그만둘 수도 있는 것과 마찬가지다.

그러므로 일반적으로 말해서 생산보다는 행위가 더 고귀하다. 왜냐하면 인간 고유의 활동 방식인 **행위는 생산과 달리 그 자체로 추구되기 때문이다.** 안보나 경제가 현대 국민국가에서 대단히 중요하다는 사실은 누구나 피부로 느끼고 있지만 아리스토텔레스가 그것들은 그 자체로 추구되기보다는 어떤 다른 것들의 수단으로서 추구된다는 사실을 환기시킨다면 우리도 행위의 중요성을 인정할 수밖에 없을 것이다.

아리스토텔레스에 따르면 폴리스 안에서의 정치적 활동들

은 '생산'이 아니고 '행위'이다. 자유롭고 동등한 시민들이 공적인 사안을 고민하고 의견을 제시하고 그것을 실시하는 것은 다른 어떤 목적이 있는 것이 아니고, 산책을 하거나 노래를 부르는 것처럼 순수한 행위이다. 물론 안보나 재화 생산에 도움이 될 수도 있겠지만, 그것이 목적은 아니다. 오히려 시민들은 자기가 선하고 옳다고 여기는 의견을 제안하는 것뿐이다.

그리고 만약 그의 의견이 정말 맞고 그래서 그의 업적이 공동체의 서사 속에 편입된다면, 그것은 **그 자체로 좋은 것**이다. 폴리스의 정치적 삶은 —아렌트의 용어를 빌리자면 노동도 작업도 아니기에— 다른 어떤 유익을 제공하지 않으면서도 그 자체로 인간의 위엄을 드러내 주며 그 때문에 '단순한 생존'과는 차원이 다른 '좋은 삶'이다. 이는 공리주의와 신자유주의는 제공할 수 없는 삶의 이상이고 국가의 이상이다.

3) 단순한 생존과 좋은 삶의 이분법

이제 우리는 단순한 생존과는 차별되는 좋은 삶이란 무엇인가를 물어야 한다.

"국가의 목적은 단순한 생존이 아닌 좋은 삶을 제공하는 것이다. 단순한 생존이 국가의 목적이라면 노예들의 국가나 동물들의 국가도 있을 텐데 그런 국가는 있을 수 없다. 왜냐하면 노예와 동물은 행복eudaimania에도, [합리적인] 선택prohairesis에 근거한 삶에도 참여할 수 없기 때문이다. 또한 해코지당하는 것을 막기 위한 방어 동맹이나 교환이나 상호 교류도 국가의 목적이 아니기는 마찬가지다"(III, 9, 156-157).

우리는 우선 무엇이 좋은 삶이 될 수 없는지는 알 수 있다. 방어 동맹이나 재화의 교환, 혹은 상호 교류를 아무리 잘해도 그것들은 단순한 생존의 차원이지, 좋은 삶이라고 부르기에는 미흡하다. 앞서 아렌트를 다루면서 나왔듯이 현대는 정치가 경제화한 시대다. 그러므로 사람들은 국가의 제일 목적은 안보, 즉 외적 방어와 치안이고 그를 넘어서 산업을 발전시키고 무역 흑자를 달성해야 한다고 생각한다.

즉 안보와 경제가 좋은 국가, 그리고 그 국가 내의 국민들의 좋은 삶의 여부를 결정하는 결정적 요인이라고 믿고 있는 것이다. 그 때문에 강대국들은 패권을 추구하고 그렇지 못한 나라들도 내심에 있어서는 차이가 없다. 그러나 아렌트에 따르면 안보와 경제는 국가가 아닌, 사회가 추구하는 것들이고 아리스토텔레스에 따르면 이것은 노예나 동물의 국가나 추구할 만한 것이다.

물론 인간도 동물인 이상 —홉스나 베이컨이 생각하듯이— 외적으로부터의 방어나 치안 그리고 물질적 결핍으로부터 해방시켜 줄 생산성 향상은 반드시 달성해야만 한다. 이것들이 보장되어야 단순한 생존이 가능하다. 그러나 여기까지는 시민도 노예나 동물과 다를 바가 없다. 즉 단순한 생존의 보장은 더 낮고 인간다운, 좋은 삶을 위한 필요조건이지 충분조건은 아니다(I, 4, 25). 그렇다면 아리스토텔레스가 생각하는 좋은 삶은 무엇이며 단순한 생존과는 어떻게 다를까? 그 두 삶의 방식들의 차이는 행복과 선택의 유무고 이것들은 노예나 동물에게는 결여되어 있는 것들이다.

선택과 행복은 아리스토텔레스 윤리학의 핵심 개념이다. 선택이란 우리가 많은 행동 가능성들 중의 하나를 합리적으로 결정하는 것을 의미한다. 우리가 어떤 행동에 책임을 묻기 위해서는 그 행동에는 반드시 자발성과 합리성이 곁들여져야 하는 것이다. 술에 만취하거나[32] 노예처럼 자발적이지 못하거나 동물처럼 합리성이 빠져 있다면 그에게 책임을 묻는 것은 아무런 의미가 없다. 어떤 행위자의 성격은 단순히 외부로 드러난 행동보다는 그 선택에서 드러나며 또한 선택은 인간으로서의 탁월성을 형성해 나가는 데에 결정적이다(『니코마코스 윤리학』 III, 2, 86). 그러므로 아리스토텔레스는 선택을 '심사숙고를 통해서 결정한*bouletikē* 욕구*orexis*'라고(『니코마코스 윤리학』 III, 3, 92) 부른다. 그렇게 보자면 동물은 선택을 하는 것이 그 본성을 넘어서는 일이고 노예는 정치적 자유가 없어 자발적으로 선택할 처지에 있지 않으므로 제대로 된 행복을 향유할 수 없다.

우리는 자발적 선택 개념에 '고귀함*kalon*'의 개념을 첨가해야만 아리스토텔레스가 안보와 경제를 단순한 생존으로 규정하는 이유를 이해할 수 있다. 그는 사람이 일반적으로 합리적이고 자발적으로 선택하는 것을 세 가지로 분류한다.

---

32 요즈음처럼 만취한 채로 운전을 해서 사람을 죽이는 일이 종종 일어나는 것을 목격한다면 취한 사람에게 결여된 것이 정말 자발성인가 하는 의문이 드는 것은 사실이다. 취한 운전자는 막연하게나마 이미 '자기 나름으로는 자발적인' 선택을 한 것이 아닌가 하는 의문이다. 왜냐하면 그는 술을 마시기 전에 이미 '술에 만취해도 자기는 운전을 할 것'이라는 점을 예견할 수 있었기 때문이다.

"우리가 선택하여 취하는 것에는 세 가지가 있으니 고귀한 것 *kalon*, 유익한 것*sympherōn*, 즐거운 것*hēdy*이 그것이다. 우리가 회피하는 것도 세 가지가 있으니 앞 것에 반대되는 것들, 즉 부끄러운 것*aischron*, 해가 되는 것*blaberon*, 고통스러운 것*lypēron*이다. 이것들 모두와 관련해서 좋은 사람*agathos*은 올바른*katorthōtikos* 선택을 할 것이지만, 나쁜 사람*kakos*은 잘못된*hamartētikos* 선택을 할 것이다"(『니코마코스 윤리학』 II, 3, 57-58).

여기서 보자면 고귀한 것이 유익한 것과 즐거운 것과 대조된다. 이 셋 모두 자발적이고 합리적 선택의 대상인 것은 사실이다. 그러나 세 가지 선택지가 가치에 있어서 동등한 것은 아니다. 인간이라면 그 누구라도 유익한 것과 즐거운 것을 추구하겠지만, 고귀한 것은 그 이상이다. 유익한 것과 즐거운 것을 선택하는 것도 역시 합리적이다. 그리고 홉스가 길을 열었던 근대의 합리성은 이것뿐이다. 이 점이 고대와 근대의 차이다. 물론 가치 있는 것이나 고귀한 것이 무엇인가 하는 점에 있어서는 사람들마다 차이가 있기 때문에 객관적이고 과학적이기를 원하는 근대인이 공적인 영역에서 이것들에 대해 논의하는 것이 적절치 못하다고 여기는 것도 이해는 간다.

　그러나 고대인인 아리스토텔레스에 따르면 쾌락이나 공리와는 구분되는, 무언가 고귀한 것도 존재하고 인간의 고유한 능력인 이성은 궁극적으로 바로 이것을 욕구한다. 이것이 고대의 합리성이다. 그래서 현대의 모든 국가가 추구하고 있는 안보와 경제는 자발적이고 합리적으로 선택할 만한 것이기는 하지만 아직 고귀한 것은 못 되기 때문에 그것들은 '단순한 생존'에 속할 뿐이다. 왜냐하면 그것들을 선택하는 궁극적인 근거는 다만 쾌락이나 유익이기 때문이다.

　고귀한 것은 가치 있는 것도 넘어선다. 그것은 단지 생존에 필요한 것만을 뛰어넘을 뿐 아니라, 관습이나 일상적인 도덕, 또한 공정성fairness으로서의 정의조차 뛰어넘는 예외적인 탁월성이어서 '신적'이라고 불리기까지 한다. 근대의 자유주의적인 정치학은 윤리나 고귀성을 포기하고 선택의 자유만을 강조하기에 공정성 이상을 요구할 수 없었고 그래서 명예나 고귀함은 정치에서 배제되었다. 그러나 고대의 아리스토텔레스는 다르다.

"정치학의 목적을 최고의 좋음*ariston*으로 규정했는데, 정치학은 시민들을 특정 종류의 성품을 가진 좋은*agathos* 시민으로, 고귀한 일들의*tōn kalōn* 실천자로 만드는 데 대부분의 노력을 경주하고 있기 때문이다"(『니코마코스 윤리학』 I, 9, 37).

아리스토텔레스의 시민들은 덕스러우며 고귀한 일들을 실천하는 사람들이다. 그런데 극단적인 경우에는 고귀한 일을 하기 위하여 자기 행복이나 심지어 목숨까지 포기해야만 하는 경우도 생긴다. 그렇지만 제대로 된 훈련을 받은 사람들을 기꺼이 하고 싶게 만드는 것이 고귀함이다. 마치 용감한 사람이 전쟁에서 죽음을 회피하지 않듯이 "그렇게 하는 것이 고귀하기*kalon* 때문에, 또 그렇게 하지 않는 것이 부끄러운 일*aischron*이기 때문에 선택하고 견뎌 낸다"(『니코마코스 윤리학』 III, 7, 104).

전쟁터에서 죽는 것은 의무이기도 하지만, 그것을 기꺼이 선택하는 것은 의무를 넘어서는 고귀한 일*kalon*이다. 그가 그렇게 하는 이유는 그의 인간으로서의 탁월성 때문이다. 그는 죽음마저도 즐겁게 받아들이기 때문에 고귀하며 이것이 바로 진정한 용기이다. 또한 **정의로운 사람은 단순히 불의를 피하는 것을 넘어**

서 정의에서 기쁨을 발견한다(『니코마코스 윤리학』 I, 8, 34 참고). 유익과 욕망 충족보다 더 큰 즐거움을 발견하고 고귀함을 열망하는 것, 이것이 아리스토텔레스의 폴리스가 지향하는 바이다.

5. 폴리스의 전제조건인 언어

앞에서는 세 쌍의 대립 개념들을 통해서 단순한 생존을 넘어서는 좋은 삶이 무엇인지를 살펴보았으나 여기서는 '인간의 기능ergon [tou] anthrōpou'이라고 하는 고대 특유의 개념을 통해 검토해 보고자 한다. 이것이 앞서 말한 것처럼 형이상학적임은 물론이고 또한 당대의 지배 이데올로기와 결부되어 현대인들은 받아들이기 어려운 개념인 것도 사실이다.

그러나 아리스토텔레스의 '인간의 기능'이란 개념은, 그의 발견인 정치와 언어의 밀접한 관계를 해명해 준다. 또한 여기에 등장하는 '기능ergon'이라는 개념이 전체주의와 결합되면 인간을 도구화시키게도 되지만 반드시 그렇게만 이해되어야 하는 것은 아니고, 아리스토텔레스의 의도에 따르자면 개인이 하는 공동체 내에서의 역할이나 성취 더 나아가 업적에도 연결되어 있다. 그래서 이는 ―소크라테스 이래의 기술-덕 유비에 따라서― 윤리학과 정치학에도 중요한 개념이다.

우선 "탁월성에 따른*kat' aretēn* 영혼의 어떤 활동*energeia tis*"(『니코마코스 윤리학』 I, 9, 37)이라는 행복의 규정에서 시작해 보자. 고대의 행복 개념은 현대의 것보다 훨씬 인간학적이다. 인간에게는 다른 동물들과는 다른, 인간에게만 고유한 선천적인 가능성 *dynamis*이 있고 인간의 고유한 활동*energeia*이란 바로 이 가능성의 실현이다. 그렇다면 행복이란 "'잘 사는 것*eu zēn*'과 '잘 행위하는 것*eu prattein*'"(『니코마코스 윤리학』 I, 4, 17)이고 잘 살고 잘 행위하기 위해서는 우리의 활동이 인간적인 탁월성에 걸맞아야*kat' aretēn* 한다.

여기서 우리가 보통 덕으로 번역하는 탁월성*aretē*은 인간 고유의 가능성이 전개되고 완성되었을 때의 상태이다. 단적으로 말해서 각 개인의 **인간적인 가능성이 완전히 개화되고 그에 걸맞게 행위하고 살아가는 것**이 행복이자 폴리스의 좋은 삶이다. 그러므로 당연히 "활동적인 삶*bios praktikos*이 최선의 삶*aristos bios*"(『정치학』 VII, 3, 373)이 된다.

아리스토텔레스의 관찰에 따르면 사람들은 행복을 제각각으로 생각하지만, 그것들은 흔히 크게 세 가지로 나뉠 수 있으며 인간은 누구나 행복을 추구하므로 인간이 현실적으로 추구하고 있는 삶의 형태bios도 세 가지이다(이하의 논의는 『니코마코스 윤리학』 I, 5, 20 참고). 사람들은 흔히 행복이 쾌락hēdonē으로부터 생겨난다고 믿기 때문에 '쾌락적 삶(의 형태)bios apolaustikos'을 추구한다. 하지만 이는 곰곰이 따져 보면 타당하지 않다. 이것은 그저 동물들이 추구하는 것과 같은 유형에 불과한 삶이고 그렇기에 이런 삶을 사는 사람은 "완전히 노예와 다름 없"다.

쾌락은 욕망 충족에서 오므로 쾌락적인 삶이란 욕망을 벗어나지 못하고 그 노예가 되는 것이기 때문이다. 이것은 단순한 생존이다. 우리의 생각과는 다르게 아리스토텔레스가 생각하는 단순한 생존은 단지 기아에서 벗어난 삶을 의미하는 것이 아니다. 그에 따르면 아주 호화롭고 풍요로운 삶, 혹은 심지어 갑질하며 사는 삶일 수 있다. 이러한 쾌락적 삶이 단순한 생존인 까닭은 그것이 동물처럼 욕망만 추구하면서 인간으로서의 고귀함에 대해서는 전혀 모르기 때문이다. 현대의 경제적 인간은 그가 아무리 많은 부와 사치를 향유한다고 해도 이를 벗어나지 못한다.

인간 고유의 삶의 형태는 인간에게만 고유한 능력을 충분히 구현하면서 사는 삶이다. 그리고 아리스토텔레스에 따르면 인간 특유의 능력은 당연히 이성*logos*이다(이하의 논의는 『니코마코스 윤리학』 I, 13, 49 참고). 그런데 인간 고유의 활동, 즉 이성적인 활동은 하나가 아니라 둘로, 정치적 활동과 관조적 활동이다. 전자가 '성격적 탁월성*aretē ēthikē*'을 성취하여 '이성에 따르는' 활동이라면 후자는 '지적인 탁월성*aretē dianoētikē*'을 성취하여 '이성이 하는' 활동이다. 이에 따라서 인간다운 삶의 형태는 '정치적 삶(의 형태)*bios politikos*'과 '관조적 삶(의 형태)*bios theōrētikos*'으로 나누어질 수 있다. 둘 중에 어느 것이 더 좋은 삶이냐 하는 질문은 아리스토텔레스에게 대단히 중요하다. 여기서 단순하게 말해 보자면 관조적인 삶은 '너무 신적이고 행운도 필요하므로' **인간 특유의 좋은 삶은 정치적 삶이다.**[33]

인간 특유의 능력은 이성*logos*이지만 *logos*는 이성 이외에 언어

---

[33] 『정치학』 해설서에 '성격적 탁월성'과 '지적 탁월성' 그리고 '정치적 실존'과 '관상적 실존'에 대해 얼마나 많이 설명해야 하는가 하는 문제에 고민이 많았지만, 이 정도로 줄이려고 한다. 이에 관해서는 아리스토텔레스의 윤리학에 관한 어떠한 참고 문헌을 보아도 나와 있으니 더 관심이 있는 독자는 참고하기를 바란다. 아주 중요한 주제이기는 하기 때문이다.

도 의미한다. 아리스토텔레스에 따르면 인간의 고유한 능력 중의 하나는 언어logos이고 바로 이 능력 때문에 다른 군집 동물들보다 '더 정치적politikon … mallon'이다(『정치학』 I, 2, 21). 여기서 그가 생각하는 정치와 언어의 밀접한 연결이 분명히 드러난다. 물론 아리스토텔레스는 아렌트처럼 폭력-언어의 이분법까지 가지는 않았지만, 그에게 정치는 분명히 언어 활동이며 시민들의 의사소통은 폴리스 건설로 이어진다. 인간다운 공동체는 동물처럼 단지 옆에 있고 생존과 유익을 위해 협력하는 것을 넘어서 서로서로 말과 생각을 교환한다(『니코마코스 윤리학』 IX, 9, 342). 그리고 이때 '말'은 단순한 소리가 아니다.

"인간은 언어logos 능력을 가진 유일한 동물이다. [그에 반해서] 단순한 소리phone는 고통과 쾌감을 표현하는 것이기에 이것은 다른 동물들에게도 주어져 있다"(『정치학』 I, 2, 21). 동물도 고통과 쾌락을 느끼고 정서를 소리로 표출할 수 있다. 그러나 언어는 '의미를 품은sēmantikos' 소리이기 때문에, 본능적인 정서 표출 이상이고 바로 그 점에서 동물의 소리는 언어가 되지 못한다.[34]

---

34 Otfried Höffe의 앞의 책 246쪽에서 보자면 다른 저작들 속에서는 아리스토텔레스

인간의 *logos*(이성+언어)는 이익*to sympheron*과 손해*to blaberon* 그리고 정의와 불의와 같이 '추상적' 사태를 '지각'하고 또한 그것을 '소통'할 수 있는 능력이다.

그렇지만 인간을 다른 군집 동물들보다 더 정치적이게 만들어 주는 언어는 더 나아가 인간을 "선*agathon*과 악*kanon* 그리고 정의*dikaion*와 불의*adikon*, 또한 다른 것들"을 소통하며 그를 통해서 스스로들과 사회 전체를 비판적으로 검토해 볼 수 있도록 만드는 능력이다. 이로써 아리스토텔레스가 생각하는 동물과 노예의 사회에 대해서 알 수 있다. 그것은 단지 고통과 쾌락만이 지배하고 이익과 해로움의 관념이 지배하는 사회이다.

특정한 상황 속에서 쾌락과 유익을 계산해 내는 것은 이성 고유의 추상적 능력으로 인간만이 할 수 있다. 물론 누구라도 자발적으로 이것들을 선택할 것이며 또한 이러한 인간 활동은 합리적이라고 부를 수 있다. 이것이 소위 '경제적 합리성'이다. 이러한 근대적 합리성에 따라 사회는 안보와 경제를 활성화하고

가 동물들 중에는 의미를 품거나 분절하는(dialektikos) 기능을 지닌 소리를 낼 줄 아는 동물도 있다고 여기기도 한다.

불합리하고 과도한 이기주의를 방지해서 쾌락을 극대화함으로써 많은 유익을 생산해 낼 수 있다.

그러나 아리스토텔레스가 보기에 이러한 수준의 사회는 아직까지 단지 노예들이나 동물들의 사회일 뿐, 인간의 폴리스가 아니며 또한 이러한 합리성은 노예적 합리성이지 자유인 고유의 합리성은 아니다. 단지 **선과 악 그리고 정의와 불의의 관념만이 폴리스를 성립시킨다.** 본성상 쾌락과 유익을 추구하게 마련인 인간들 사이에 갈등은 불가피하고 언어를 통해 그들 사이에 적절한 균형을 이루는 것이 폴리스이고 정치인 것이다.

폴리스의 원심력은 개개인이 자신의 이득을 추구하는 것이다. 하지만 아리스토텔레스의 신념에 따르자면 원래부터 인간은 어떤 것이 비록 그에게 이롭더라도, 옳지는 않다는 것을 판단할 능력이 있다. 그러므로 언어를 구비한 공동체는 원심력이 사라진 사회가 아니라, 구심력으로서의 선과 정의의 관념이 원심력에 맞서서 스스로를 정화시키는 공동체고 이것이 아리스토텔레스가 꿈꾸는 폴리스다.

"단지 인간만이 선과 악, 정의와 불의 그리고 다른 것들을 지각할 수 있다는 것이 다른 동물들에 비해서 인간들에게 고유하다. 이런 사물들[=선, 악, 정의, 불의 등]의 교감*koinōnia*이 가족과 폴리스를 건설한다"(I, 2, 21).

플라톤이 완벽한 이성의 구현체인 철학자를 지배자로 세움으로써 폴리스에서 정의를 실현하려고 노력했다면 아리스토텔레스는 자유롭고 평등한 시민들이 스스로를 제어하고 자정할 수 있는 능력, 즉 언어적 능력을 지니고 있음을 중요시하였다.

"정치의 목적은, 사람들이 고유의 능력과 미덕을 개발하게 만드는 것, 즉 공동선을 고민하고, 판단력을 기르며, 시민 자치에 참여하고, 공동체 전체의 운명을 걱정하게 하는 것이다"(정의란, 271 이하).

현대의 소위 합리성은 이 점을 망각해서 고귀한 국가를 형성할 기초를 상실했다. 인간 본성은 단지 고통을 피하고 유익을 추구하거나 한 걸음 더 나아가 사회를 지키기 위해 불의를 피하는 합리성 이상이다. 우리에게는 그보다 더 큰 열망이 있다.

즉 고귀함과 명예에 대한 추구이다. 부나 권력 등은 누구나 추구한다. "그런데 이러한 외적인 좋음 가운데 가장 큰 것이라고 우리가 생각할 수 있는 것은, 우리가 신에게 돌리는 것이자 존경받는 사람들이 무엇보다도 추구하는 것이며 가장 고귀한 것 *Kalliston*[행위나 성취]에 대한 상이다. 명예*timē*가 바로 이런 것이다. 바로 이것이 외적인 좋음들 가운데 가장 큰 것이니까"(『니코마코스 윤리학』 IV, 3, 137).

5장
혼합정과 정의

  고대에는 개인의 측면에서 권리를 추구하기보다는 공동체의 측면에서 역할을 물었다. 이를테면 현대의 우리는 '각 개인에게 빼앗길 수 없는 권리인 자유가 무엇인가?' 하고 묻는 것을 선호한다면 플라톤이나 아리스토텔레스 같으면 '누가 지배해야 폴리스가 최선이 될 것인가?' 하는 식으로 질문했다.

  이 질문에 플라톤은 기술적, 윤리적, 정치적으로 최고의 능력자인 철학자라고 대답했고 아리스토텔레스는 자유롭고 평등한 시민들이 서로 번갈아 가며 지배할 필요가 있다고 생각했다. 이것이 『정치학』의 정치이고 또한 이것의 발전이 소위 민주주의다. 그러나 그의 목적은 어디까지나 시민의 권리가 아니라,

폴리스를 더 잘 보존하는 것이었다.

이 두 철학자 모두 소위 개개인의 천부인권에는 관심이 없었다. 그러나 현대인은 ─예컨대 유시민 같으면─ 아예 질문의 방향을 바꾸기를 원한다. 플라톤의 신적인 지배자 지배가 불가능하다면 질문은 이제 "정치제도를 어떻게 조직해야 최악의 인물이 권력을 잡더라도 악을 많이 저지르지 못하도록 할 수 있느냐"(국가란, 38)[35]로 바뀌어야 한다. 그에게 민주주의의 "목적과 강점은 … 최악의 인물이 권력을 장악하더라도 나쁜 짓을 마음껏 저지르지는 못하도록 하는 데 있다"(국가란, 38). 이런 점은 현대 정치학의 변화를 잘 보여 준다.

그러므로 민주주의란 제일 좋은 대통령과 국회의원들을 보장해 주는 제도가 아니라 "악을 최소화"(국가란, 38)하기 위한 최고의 제도이다. 우리에게 마땅한 권리들을 보장하기 위한 최선의 방식은 공직자를 일정 기간 내에 갈아 치울 수 있는 제도를

---

35 '국가란'으로 축약한 책은 유시민, 『국가란 무엇인가』, 파주: 돌베개, 2017이고 숫자는 책의 %이다. 왜냐하면 e-pub의 책이어서 쪽수가 없고 대신에 %로 위치를 표시한다. 이 책이 비록 학문적이지는 않지만 이 책은 필자에게 '현재 우리나라에서의 국가'에 대해 많은 고민을 하게 해 주었다.

만드는 것이고 그렇기에 ―투표를 통해서든 아니면 혁명을 통해서든― 갈아 치울 권리를 가진 것이 민주주의다. 아리스토텔레스는 당연히 정치에 그 이상을 요구했다. 이것은 너무 적다!

이런 사유습관의 차이는 우리가 아리스토텔레스를 제대로 이해하기 어렵게 만든다. 자유 개념의 변화를 예로 들어 보자. 근대 자유주의 이후의 자유는 팽창한 공권력이 어떻게 하면 우리의 사생활을 침범하지 못하게 할까 하는 질문에 대한 답이요, 결코 아무에게도 빼앗길 수 없는 권리이다. 그러나 고대의 민주주의자에게 자유란 모든 사람의 교대적인 지배였다. 당대의 자유지상주의적 민주주의자들에 따르면 "단지 민주정체에서만 사람들은 자유를 누린다. … 그런데 자유의 한 요소는 번갈아 가며 지배받으며 지배하는 것이다"(VI, 2, 334). 여기서 자유는 '권리'의 요소가 없지는 않지만 일차적으로는 지배라는 '역할'인 것이다. 모두 시민의 지배 개념 속에 어느 정도라도 권리적 요소가 있는 점이 아리스토텔레스의 현대성이다. 그러나 그에게도 역시 지배는 일차적으로 역할이다.

이들의 입장이 아리스토텔레스보다 더 과격한 점은 이 '모든 사람의 지배'를 문자 그대로 생각했다는 데에 있다. 이 자유를 성취할 수 있는 방법은 모든 사람이 번갈아 가며 지배하거나 아니면 약간 약화시켜서 추첨에 의해서 지배하는 것일 것이다. 과격한 민주주의자들의 최선은 원래 아예 지배받지 않는 것이지만, 그들은 이것이 불가능하다고 믿기에 차선으로 모두에 의한 교대적 지배를 원한다. 물론 아리스토텔레스는 이들보다 훨씬 귀족주의적이어서 자질의 차이를 믿기 때문에 '누구나 동등하게'의 원칙을 약화시킨다. 그에게는 정치적 자유라는 권리 대신에 지배하는 역할의 분배, 즉 권력의 분배 문제가 등장한다. 또한 단지 재산만이 아니라 권력도 분배의 대상이기에 이것은 정의의 문제이기도 하다.

1. 아리스토텔레스의 혼합정

현대는 대부분의 국가가 민주주의체제를 취하기 때문에 민주주의는 우리에게 당연한 일이다. 또한 우리는 아리스토텔레스를 보통 민주주의의 철학자로 생각하지만, 이 견해는 어느 정도만 사실이다. 그는 오히려 귀족주의자였다. 왜냐하면 그는 플라톤과 마찬가지로 '기술적'이고 '윤리적'인 효율성을 아주 포기할 수 없었기 때문이다. 근대의 개인의 권리와 비교할 때에 이러한 효율성은 아주 다른 발상이다. 그는 '어떻게 하면 개인의 사적 영역을 가장 잘 보호할 수 있을까?' 대신에 '어떠한 정체가 참으로 좋은 폴리스를 건설할 수 있을까?'라고 질문한다.

그런데 플라톤과 아리스토텔레스에게 민주주의는 기술적으로뿐만 아니라 윤리적으로도 비효율적이었다. 이것은 역시 기술-윤리/정치의 유비적 사고이고 우리 현대인이 보기에는 지배 이데올로기와 형이상학적 전제들로 가득 차 있는 사고방식이다. 그래서 우리는 받아들이기 힘들지만 그들의 논리에 따르면 다른 기술/직업들과 마찬가지로 정치도 역시 일종의 기술*technē*이어서 전문가가 필요하다. 그래서 정치는 그리스어로 *politikē technē*정치적/시민적 기술이다. 그런데 기술에는 당연히 효율성이 요청되고 이 점은 정치적 기술에도 마찬가지이다.

기술자는 전문가로서 자기의 대상들을 보살피고 '지배'한다. 예컨대 선원들이 배를 '지배한다*archein*'면 시민들인 정치가들은 폴리스를 지배한다. 마치 선원들이 그 맡은 역할은 각각이지만 그들 모두가 각자의 역할을 통해서 "항해의 안전*sōteria*"(III, 4, 140)을 도모하는 것과 마찬가지로 시민/정치가들도 폴리스를 그렇게 한다. 그런데 누구나 타고난 본성 같은 것이 있어서 특정 기술에 어울리는 사람이 있고 그렇지 않은 사람이 있다. 정치학에서 플라톤과 아리스토텔레스는 모두 이 점에 착안했으며 이 두 사람 사이의 차이는 다만 정치적인 분야에 있어서 개인의 능력이 얼마나 많이 차이가 나는가에 있었다.

플라톤은 철학자와 일반인들의 능력 차이가 너무 크기 때문에, 폴리스가 안전하게 항해하기 위해서는 신적으로 탁월한 정치 기술자인 철학자에게 원칙적으로 임기도 없이 무제한적인 지배의 역할을 맡기려고 구상하였다. 이것이 효율적이리라는 점은 논리적이다. 그에 반대해서 아리스토텔레스는 정말 나머지 모든 사람들의 탁월성보다 더 탁월한, 그런 신적인 사람이 있다면, 정말 그렇다면 그에게 절대적 권력을 주는 게 맞겠지만 (Ⅲ, 17, 192) 그런 사람은 있을 수 없다고 믿었다.

그렇지만 그도 역시 정치적인 기술 분야에 있어서도 사람들 사이에 능력의 편차가 있다고 믿었던 귀족주의자였다. 이것은 과격한 민주주의자들이 모두가 평등하다고 믿었던 것과는 다른 신념이어서 그들과 플라톤의 중간에 존재하는 신념이다. 그래서 그는 시민 대중에게 최고 공직을 맡기는 것도 위험하게 생각했으며 또 한편 그들을 공직에서 아주 배제하는 것도 위험하게 여겼다(III, 11, 163-164). 그렇기 때문에 그에게는 너무 불만족스럽지 않게 적당한 분배를 하는 것이 중요했다. 그래서 그가 선택한 최선의 정체는 민주정이 아닌, 혼합정이었다.

1) 과격한 민주주의

아리스토텔레스를 다루기 전에 그가 생각하는 민주주의자들의 견해에 대해서 검토해 보자. VI, 2, 334-335에 따르면 당대의 "민주주의적 정체가 하는 제안은 자유eleutheria이다." 즉 민주정은 최우선적으로 자유를 추구한다. 비록 최상의 정치적 자유는 "지배받지 않는 것to mē archesthai"이지만 이것은 불가능하기에 "자유의 한 요소는 번갈아 가며en merei 지배받으며archesthai 지배하는archein 것이다." 여기서 자유는 결국 각자가 자기가 원하는 대로 사는 것이기 때문에 직접적 지배가 곧 자유이다. 지배를 부인하는 것은 무정부주의이고 교대로 지배하는 것은 직접민주주의이다. 이 양자는 현재 어디에도 없는 아주 과격한 민주주의의 이상으로 투표 민주주의가 포기해서 사라져 버린 직접적 지배다. 이렇게 표현해도 된다면, 고대 그리스인들은 '투표' 민주주의는 민주주의가 못 되고, '지배' 민주주의야말로 진정 민주주의라고 여겼다!

또한 그들은 정의관도 과격하다.[36] 아리스토텔레스에 따르면 '정치적 정의to politikon dikaion'는 자유롭고 —"비례에 따라서든 수數에 따라서든"— 평등한ison 관계에서 성립한다(『니코마코스 윤리학』 V, 8, 182). 그리고 민주주의의 평등은 수에 따른다. 그 결과 모든 결정이 무조건적으로 다수plēthos에 의해서 결정된다. 현재 민주주의제하에서 살고 있는 우리가 보기에는 납득이 가는 원칙이지만, 아리스토텔레스에게는 과격하다. 왜냐하면 시민들은 능력과 가치axia가 다른데, 민주정은 그들에게 같은 권력을 분배하고 그들의 의견을 모두 동등하게 취급하기 때문이다.

그가 민주정을 과격하다고 보는 이유는 이론도 문제이지만 그 현실도 우리의 예상과는 다르기 때문이다. 단지 수에 따른 평등의 원칙은 시민 전체의 지배가 아니라, 다수인 가난한 사람들의 지배로 귀결된다.

왜냐하면 부자보다는 가난한 사람이 당연히 더 많은데 당시

---

36 이에 관해서는 5장 2에서 더 자세히 논할 것이다.

에는 민심을 조정해 줄 정당이나 직업적 정치가도 없어서 그들의 민심이 더 직접적으로 반영되었기 때문이다. 그리고 귀족주의자다운 편견이기는 하지만, 아리스토텔레스에 따르면 가난한 사람은 무능하고 탁월성/덕도 부족하다. 그의 견해가 맞다면 이러한 민주정이 비효율적이 될 것이라는 점은 당연하다. 이것이 민주정에 대한 아리스토텔레스의 평가이다.

물론 아리스토텔레스는 폴리스를 원칙적으로 자유롭고 평등한 시민들의 공동체라고 믿었으며 이 점에서 그의 정치학은 플라톤의 정치학보다 발전된 것이다. 그러나 당대의 민주정의 완전한 자유와 평등은 귀족주의자인 그가 보기에 과격했다. 민주정의 자유는 "원하는 대로 사는 것*to zēn hōs bouletai*"이고 그래서 예외 없이 모든 사람의 직접 지배를 요구한다.

만약 그렇게 할 수 없으면 노예라고 여겨졌다. 그런데 이러한 자유는 방해를 받지 않고 살겠다는 소극적인 자유일 뿐이다. 그래서 —번갈아 가며 하는 것이기는 하지만— 직접적으로 지배하려고 한다. 현재는 자기가 원하는 대로 사는 것이 적극적인 자유인 자율自律로 오해되고 있지만, 필자가 보기에는 이것 역시 소극적인 자유이다. 즉 단지 간섭받지 않고 사는 것에 불과하다. 자율적인 삶이란 이것을 넘어서 **성찰**을 통해서 자기 스스로 **특정한 원칙**을 정해서 이것에 따라서 사는 것으로, 근대의 이상처럼 자기식의 욕망을 '합리적으로' 충족시키며 사는 것과는 다르다. 진정으로 자율적인 삶에는 기술적이고 경제적인 합리성을 넘어서는, **합리성에 대한 반성**도 역시 필요하다.

근대로 오면서 국가와 사회의 범위가 확대되어 사적이고 개인적인 영역은 축소되었다. 또 산업이 발달하고 경제가 중요해질수록 사회의 영역은 팽창일로에 놓여 있다. 그리고 절대주의 시대에 국가의 영역이 증대되었다가 민주주의 시대로 오면서 축소된 것 같지만 엄밀히 분석해 보면 그렇지 않다. 아렌트의 분석처럼 국가와 정치의 영역이 경제화되어 사회의 영역과 통합되면서 전체적으로 증대되어 개인의 영역은 아주 축소되고 말았다. 참으로 정치가 확대되면 개인도 확대되겠지만, 정치의 확대가 아니라, 사회의 확대로 말미암아 개인이 축소된 것이다.

이렇게 국가와 사회의 규제와 경쟁이 심해질수록 개인은 소외를 느끼고 자신만의 영역을 지키고 싶어 하게 된다. 이로 인해 나타나는 현상이 공적 공간의 포기와 사적 공간의 집착이다. 개인주의적 자유주의의 자유는 고대 민주주의자들이 포기하지 않았던 공적 영역을 포기한 사적 영역에서만의 자유이다. 그러나 이 자유는 자율과는 거리가 멀다.

왜냐하면 사회의 획일화 능력이 확대되었기 때문이다. 푸코 Michel Foucault의 권력 분석처럼 사회적 권력은 어떤 의미에서 개인을 형성한다. 마치 학교권력이 아이를 학생으로 만들고 군대권력이 젊은이를 군인으로 만드는 것처럼 경제권력은 시민을 단지 생산자와 소비자로만 만든다. 이것을 과연 자율, 즉 스스로가 정한 질서에 따라 산다고 말할 수 있을까? 오히려 신자유주의가 시민을 경제적 인간 *homo economicus*으로 주조함으로써 시장의 '자연스러운 법칙'에 따라 살아가면서도 그 스스로는 자유롭다고 착각하는 것은 아닐까?[37]

2) 올바른 정체: 공공의 복지와 법치주의

당대에 알려진 정치체제는 지배자의 수에 따라서 한 사람의

---

37 이 문제에 관해서 주광순, 「과학기술 사회에 대한 푸코의 비판적 입장」, 『대동철학』 제65집, 2013, 특히 '3. 푸코의 근대국가 권력론'을 참조할 것.

지배인 왕정, 소수의 지배인 귀족정 그리고 다수의 지배인 민주정이 있었다. 그리고 실제 민주정에서는 다수의 가난한 사람들이 지배하였다. 그런데 아리스토텔레스는 정체들을 단순히 나열하기만 한 것이 아니라, 그것들이 정당한지 아니면 그렇지 못한지 평가하기를 원했다. 정당성의 근거는 두 가지로 하나는 '공공의 복지' 대 '사적 이익 추구'였고 다른 하나는 '법의 지배' 대 '인간의 지배'였다.

아리스토텔레스는 우선 공공의 복지를 기준으로 삼아서 정당한 정체를 판단한다(Ⅲ, 7, 151-152). 우선 "전체로서의 시민 *politeiuma*이 주권자*to kyrion*이다"라고 선언된다. 그런데 지배자의 수에 관계없이 '공공의 복지*to koinē sympheron*'를 위하여 지배한다면 "올바르고*orthos*" '사적인 이익(*to idion*[자기의 것], 다른 곳에서는 *to tōn archontōn*[지배자들의 것/사익])'을 위하여 지배한다면 이는 올바른 정체로부터의 "일탈*parekbasis*"이다. 왜냐하면 시민이라면 당연히 폴리스가 제공하게 마련인 ―보충의 원리를 상기하라!― 공공의 복지를 누릴 수 있어야 하기 때문이다.

이 점에서도 홉스의 절대주권적 국가는 '좋은 삶'이 아니라, '단순한 생존'만을 보장한다. 왜냐하면 안보와 치안은 아리스토텔레스가 생각하는 공공의 복지보다 훨씬 부족한 목표이기 때문이다. 이에 따라서 아리스토텔레스는 지배자의 수를 기준으로 공공의 복지를 위하는 1인 지배 정체는 왕정*basileia*이고 소수*oligon* 지배는 귀족정*aristokratia*이며 다수*plēthos* 지배는 —우리의 기대와는 달리 민주정이 아니라— 폴리테이아*politeia*라고 부른다. *Politeia*는 정치체제 일반을 가리키기도 하고 아리스토텔레스가 이상적으로 여기는 혼합정을 가리키기도 하지만 여기서는 공화주의 정도로 번역할 수 있겠다. 폴리테이아는 공공의 복지를 위한 다수의 지배이고 민주정*dēmokratia*은 그 타락된 형태다. 왜냐하면 아리스토텔레스가 보기에 민주정은 가난한 사람들의 지배이자, 우중愚衆의 지배로 귀결될 것이기 때문이다.

　이러한 정체들의 분류에서 하나, 소수, 다수라는 양적인 기준이 우리의 귀에는 거슬릴 수 있다. 그러나 이러한 구분은 어떤 이성적 원리라기보다는 당시의 역사적 현실로부터 나왔다는 점을 분명히 할 필요가 있다. 물론 우리는 여기서 계급 지배 이데올로기를 볼 수도 있겠지만, 지배자의 양이라는 기준은 어떠한 형이상학적 혹은 이론적 원리가 아니다.

　여기서 소수 지배는 소수의 귀족이 지배하고 시민의 다수를 권력에서 배제하는 정체이다. 근대 민주주의의 역사를 배운 우리는 이 귀족정에 반대되는 것을 민주정이라고 생각할 것이다. 그러나 그것은 민주정이 아니라 —폴리테이아라고 불렸던— 다수 지배다. 이것은 우리의 민주정과 많이 다르다. 아리스토텔레스는 폴리테이아를 다수가 '공동의 이익을 위해서' 지배하는 정치체제라고 규정한다.

어떻게 생각해 보면 모두의 지배가 아닌 다수의 지배는 평등권 개념에는 맞지 않는 어색한 개념으로 생각하기 쉬우나, 이는 대단히 현실적인 구분이다. 아무리 현대라도, 아니 어떠한 인간 공동체에도 모두의 지배는 없다. 왜냐하면 아리스토텔레스식으로 표현해서 국가 공동체는 그 본성상 다수이고 다수인 이상 차이가 발생하며 차이가 나면 이해타산도 각자가 다르고 또한 모두가 하나로 의견이 일치될 수도 없기 때문이다.

그래서 루소는 정부를 국가로부터 구분하고 국가의 일반의지를 개개인의 다양한 의지들의 집합체로부터 구분하였던 것이다. 물론 평등권이 일반의지를 지향하기는 하지만, 현실적으로는 어떠한 정부도 이를 구현한다고 주장할 수 없으며 만약 그런 주장을 한다면 그것은 오히려 독재일 확률이 높다. 그러므로 아리스토텔레스의 폴리테이아나 민주제*dēmokratia*를 우리의 민주주의와 일치시킨다면 너무 성급한 일이다.

여기서 두 가지 특이한 점이 눈에 뜨인다. ① 우선 아리스토텔레스는 자신이 호감을 가지고 있는 귀족정에 대해서 지지하는 보충발언을 한다. 단지 수에 따른 구분인 소수*oligon* 지배를 가르치는 그리스어 *oligarchia*는 우리가 보통 과두정으로 번역하는데 이것은 귀족정*aristokratia*의 일탈 형태이다. 공공의 복지를 지향하는 소수 지배인 *aristokratia*를 우리가 '귀족'정으로 번역하는 것은 오해를 살 만하다. 왜냐하면 '귀족'은 특권 계급을 지칭하는 개념이기 때문이다.

즉 우리말 귀족정은 특권 계급이 지배를 독점하는 정체를 뜻하고, 이러한 인식은 그가 선호하는 *aristokratia*를 지배 이데올로기적으로 바라보게 만든다. 그러나 그에게 *aristokratia*는 지배자의 수를 가르치지 않고 지배자의 능력과 탁월성을 표시하는 호칭이다. *Aristokratia*의 *aristos*는 '좋은', '탁월한'을 의미하는 *agathos*의 최상급으로 '최선의', '최상의'라는 뜻이다. 또한 그 중성 단수 명사형인 *ariston*으로부터 탁월성/덕*aretē*이 나왔다.

그러므로 아리스토텔레스에게 ―우리가 생각하기에는 계

급 지배인― 귀족정aristokratia은 최선자最善者 정체, 즉 시민들 중에 가장 탁월한 소수가 공공의 복지를 위하여 다스리는 정체이다. 그래서 그는 IV, 7, 219-220에서 좀 더 엄밀하게 최선자 정체aristokratia를 규정한다. 이 정체를 다스리는 사람들은 ―탁월성에 따라서― 단적으로 최선인 자들이다. 그래서 최선자 지배 정체는 지배자로부터 폴리스 전체가 탁월해지도록 배려한다.

② 그다음으로 아리스토텔레스가 생각하는 공공의 복지를 생각하는 다수 지배는 민주주의dēmokratia가 아니라 폴리테이아라는 점이 특이하다. 일탈된 정체들을 보자면 폴리테이아의 일탈이 가난한 다수가 자신들을 위해서 지배하는 민주정이고 귀족정/최선의 소수 정체의 일탈이 부유한 소수가 자신들을 위해서 지배하는 과두정oligarchia이며 왕정의 일탈이 자신의 이익을 추구하는 1인이 지배하는 참주정tyrannis이다.

아리스토텔레스에 따르면 민주주의가 다수 지배인 것은 맞으나 그것은 공공의 복지보다는 자신들의 집단적인 이익, 즉 빈민층의 이익을 추구하기 때문에 폴리테이아의 일탈 형태다. 아리스토텔레스는 예컨대 가난한 사람들이 다수라는 권력을 이용하여 부자들의 재산을 빼앗아 나누기도 하는 현실을 암시하기도 한다(Ⅲ, 10, 160). 과두정이 부자인 소수의 사적 이익을 추구한다면 민주정은 가난한 다수의 사적인 이익을 추구한다. 그러므로 아리스토텔레스는 당시의 실제 민주정에 만족하지 못하고 윤리적 탁월성*aretē*과 정치적 정의*to dikaion*를 추구한다.

물론 민주정이 사적 이익을 추구하는 세 일탈 형태 중에서는 제일 덜 나쁘기는 하다. 그러나 그렇다고 그것이 공공의 복지를 위해서 이루어지는 지배 형태라고 할 수는 없다. 또한 가난한 다수의 지배이기에 탁월성을 포함해서 효율적이지 못하기도 하다. 아리스토텔레스는 가난한 다수가 그들의 불의*adikia*와 무사려*aphrosynē*로 인해 국정을 그르칠까봐 걱정한다(Ⅲ, 11, 163).

이것은 오늘날 같아도 이해하지 못할 바가 아니다. 현대 민주정은 제일 탁월한 공직자들을 마련하려는 장치라기보다 최악의 공직자라 할지라도 일정 기간 후에는 갈아 치울 수 있는 정체이다. 즉 최선을 마련하기보다는 최악을 피하기 위한 정체이다. 그러므로 좋은 정체들 속에 속할 수는 없어도 일탈 형태 중에는 차악遮惡이다. 고대와 현대에는 근본적인 여러 차이가 있겠지만 근대 정치학은 '누가 지배하면 제일 좋겠느냐'보다는 '어떻게 하면 최악의 정부를 피해서 개인의 사적 영역을 보호할 수 있겠는가'에 관심이 있다.

공공의 복지는 '누가 어떻게 지배해야 하는가' 중 '어떻게'에 대한 대답이다. 그렇다면 '누가'에 대한 아리스토텔레스의 대답은 무엇일까? 그는 인간 대신 법이라고 대답한다. "올바로 제정되었다면 법*nomos*이 절대적 권력을 가져야 한다"(Ⅲ, 12, 166). 이러한 생각은 오늘날의 법치주의와 유사하다. 폴리스를 지배하는 것이 법인가 아니면 훌륭한 인격인가 하는 논쟁에서 아리스토텔레스는 플라톤과 대비된다.

플라톤에 따르면 법률은 보편적인 원칙만을 규정할 수 있는데, 현실은 끊임없이 변하고 많은 예외적 상황이 생기기 때문에 죽은 서적과 같이 고정된 법률에만 의존해서 지배하는 것은 불충분하다. 그 대신에 이성의 구현인 한 인격, 즉 철학자가 법을 초월하여 지배해야 한다. 그러나 아리스토텔레스에 따르면 다른 기술자들과는 달리 정치 기술자인 정치가는 자기 기술의 대상인 시민들 중에서 자기의 친구는 돕고 적은 해치기도 하는 것이 현실이다. 이에 반해서 **법은 중간/중용**中庸, *to meson***이어서 누구를 돕지도 누구를 해치지도 않는다**(Ⅲ, 16, 189).

플라톤과 마찬가지로 그도 법이 불충분하다는 점은 알고 있다. 법은 보편적katholou이어서 일반적으로 규정할 뿐인데, 인간 활동은 개별적kath' hekaston이어서 많은 편차가 존재한다(II, 8, 102). 그래서 법은 개선될 필요가 있다. 그렇다고 해서 특정 인격에게 지배를 위임하는 것은 여러모로 위험하다. 그가 아무리 중립성을 지키고자 애를 쓸지라도 '감정이나 충동pathos'(III, 10, 161) 또는 '욕망epithymia이나 분노thymos'에 휩싸여서 치우칠 가능성이 있지만 법은, 인간 행동의 원인이며 또한 부패의 원인이기도 한, '욕구orexis 자체에서 벗어난 이성nous'이어서 법에 따르는 것이 좋다(III, 16, 188).

더 나아가 그는 오늘날의 입헌군주제에 가까이 가려고 한다. 그러나 군주에게 통치를 허용함으로써 오늘날의 입헌군주제와는 차이가 난다(III, 15, 183). 그는 최선의 군주와 최선의 법 중에서 누가 지배할 때 더 이로운가sympherei mallon를 묻는다. 법은 감정에 휘둘리지 않고 냉정한 데 반해서 인간은 개별적인 상황을 더 잘 숙고하고 판단한다. 그러므로 양자택일을 할 것이 아니라, 최선의 군주가 지배하더라도 법이 상위에 있어야 한다. 물론 법이 궁극적 지배자이더라도 군주의 역할이 무시되지는 않는다. 왜냐하면, 군주는 개별적인 상황을 더 잘 숙고하기 때문이다. 이 부분이 오늘날의 입헌군주제와의 차이이다.

또한 아리스토텔레스는 당시의 관습을 따라 법이 시민을 교육하는 기능을 가진 것뿐만 아니라 지배자가 법의 교육을 받으면 더 나아질 것도 주장한다(Ⅲ, 16, 190). 이렇게 보자면 아리스토텔레스의 법치주의는 그의 냉철한 현실주의, 즉 '아무리 훌륭한 인간이라도 자신의 이해타산을 완전히 벗어나지 못하고 감정적으로 치우칠 수 있다'라는 우려의 귀결이다. 이것은 이상에 치우쳐서 이성의 화신인 철학자 지배를 말하는 플라톤과도 다르지만 근대인의 신념과도 어느 정도는 거리가 있어 보인다. 즉 절대권력은 반드시 타락한다거나 비인격적인 제도가 국가를 항구적으로 만든다고까지 생각하는 것은 아니다. 고대인인 아리스토텔레스는 현대와는 달리 아직까지 정치가의 **역할**을 믿고 있었다.

3) 공화제적 자유국가인 혼합정

아리스토텔레스의 최선의 폴리스에 대한 질문은 누가 어떻게 지배하는 것이 최선인가였다. 그가 지지한 최선의 정체政體, politeia는 민주정이 아니라, "과두정과 민주정의 혼합인mixis *oligarchias kai dēmokratias*"(V, 8, 222) 혼합정*politeia*이다. 그리스어 *politeia* 는 원래 정체政體들 전체를 가리키지만 여기서는 특별히 혼합정을 가리킨다. 우리는 혼합을 강조하여 '혼합된 정체', '혼합정'으로 번역하지만, 영어는 —정체의 특성을 고려하여— 입헌정부 constitutional government 혹은 공화제적 정부republican government로 번역하고 있다.

필자는 이것이 '공화제적 자유국가'를 의미한다고 생각한다. '자유국가'란 어떠한 지배계급으로부터도 벗어나 시민들이 자유롭게 지배하는 국가이다. 예컨대 독일 정치사에서 보자면 바이마르 공화국(1919-1933)이 이를 지향하였으며 이는 '공화국'과 같은 의미였다. 그리고 라틴어로 공화국*res publica*은 로마 시대에 '자유국가*libera res publica*'를 의미하였다.

아리스토텔레스의 혼합정은 단순히 이론적 구상이라기보다는 그가 존경했던 솔론 같은 사람의 개혁을 두고 고민한 것이다(이하의 논의는 II, 12, 123-125 참고). 극단적인 과두정을 축소하고 민중을 점차 노예 상태로부터 해방하여 아테네 정체에 상이한 요소들을 혼합하였다는 점이 그의 공헌이다. 그는 원래는 모든 권한을 가졌었던 귀족회의, 아레오파고스위원회라는 과두적 요소를 존치시켰다. 귀족회의는 귀족이라는 소수에게만 허용된 권한이기에 과두적 요소이다. 그리고 거기에 공직을 선출하는 귀족적, 즉 최선자 정체적 요소를 첨가하였다.

돌아가면서 누구나 공직을 맡거나 아니면 추첨에 의해서 맡는 것이 민주적 요소라면 공직자 선출은 —원칙적으로라도— 가장 탁월한 사람을 택하는 귀족적 요소이다. 그리고 마지막으로 배심재판, 즉 일반 시민들로 구성된 배심원이 판결하는 민주적 요소가 있었다. 그러나 이 제도에서 평등성은 그렇게 많이 보장되지 않는다. 왜냐하면 민중에게는 단지 재판에서 배심원을 맡아서 재판하며 민회에서 공직자를 선출하고 그 책임을 묻는 권한만을 주었고 특히 최고위직에 대한 피선거권은 주지 않았기 때문이다. 노예, 여자, 아이를 제외한 일반 성인 남자 중에서도 고위 공직을 맡을 수 있는 사람은 적었다.

우리에게는 아쉽지만 이것이 그의 시대정신의 한계였다. 이는 우리의 시대정신인 주권재민과 완전한 평등권을 포함한 인권[38]과 비교하자면 많이 아쉽다. 고대인인 그는 공동체의 측면

---

38 이 논의는 Otfried Höffe의 앞의 책 358쪽으로부터 참고한 것이다.

에서 지배의 분배를 묻는다면 현대인인 우리는 개인의 측면에서 주권의 임시위임과 평등권을 주장한다. 그런데 사실 우리의 대의민주주의는 당대의 개념으로는 민주적인 것이 아니라, 귀족적, 즉 최선자 지향적이다. 왜냐하면 우리는 직접 행정이나 입법이나 사법을 맡지 않고 다만 더 나은 입후보자를 선택하기 때문이다.

우리가 더 민주적인 것은 다만 원칙상 선거권과 피선거권이 누구에게나 있으며 능력이 있으면 누구라도 판사가 될 수 있기 때문이다. 그러나 돈이나 조직이 없이 대통령이나 국회의원이 될 수 있는 것은 결코 아니며 경제적 여력도 없이 자기만 똑똑하면 판사나 검사가 될 수 있는 것도 아니다. 우리 일반 시민에게 확실히 보장된 민주적 권리는 정말 그 당시의 일반 시민들과 흡사하게 거대 정치 조직인 정당에 의해서 이미 제공된 몇몇의 후보자들 중에서 하나를 선택하고 그가 마음에 들지 않으면 다음 선거에서 뽑지 않음으로써 그에게 책임을 묻는 것뿐이다.

물론 그에게 사법적 책임도 물을 수 있겠지만, 이것은 우리 일반 시민의 일이 아니라, 직업적 재판관들의 일이다. 그나마 재판관은 —대법원의 사법 농단이라는 우리의 정치 현실에서 보자면— 우리가 직접 책임을 물을 어떠한 장치도 없다. 재판관은 단지 다른 재판관만이 직접적으로 책임을 물을 수 있다. 물론 정당정치와 전문재판관제도는 고대 과두제의 중우정치 방지와 같은 취지를 가지고 있어서 장점이 적지 않다. 정말 아무나 후보자가 되고 재판을 한다면, 다수가 민중이므로 마치 참주에게 하듯이 민중에게 아첨이나 해야 하지 않는가? 이 점이 고대가 생각하는 과두제와 귀족제의 원칙이었다.

그러나 고대와 비교해서 확실히 다른 것은 '우리도 너희와 다르지 않다'라고 할 만한 원칙, 즉 피선거권이 신분에 의해서 제한되지는 않는다는 원칙이다. 이것이 현대 평등권의 가장 큰 요소이고 또한 정치사의 위대한 진보이다. 그러나 이 진보도 아렌트가 말하는 공적 영역에서 자기를 드러낸다고 하는 이상에 따른 참여민주주의로 실현되지 않는다면 반쪽에 불과하게 될 것이다. 왜냐하면, 원칙이야 그렇지 않지만 실제적으로는 입법, 사법, 행정에서 우리 일반 시민이 목소리를 낼 기회가 거의 없고 또한 그러한 요청을 받지도 않기 때문에 공적 영역에서 배제되어 사적 생활에 틀어박혀서 살기 때문이다.

4) 다수 지배와 권력의 분리

아리스토텔레스의 귀족주의적 태도와 조금 결이 다르기는 하지만 그의 텍스트 자체에는 우리에게 매우 흥미로운 평등과 권력 분립의 정신이 존재한다. 그는 귀족제에 반대하여 다수의 우위를 말함으로써 우리가 생각하는 민주제와 평등권에 가까이 간다. 그가 생각하기에 일반적으로 대중은 도덕적이나 지적으로 무능하지만, 민주제에는 합리적인 점도 있다(이하 논의는 III, 11, 162-166 참고). 그가 제시하는 첫 번째 논거는 소위 합산 이론이다. '대중의 개개인은 열등하고 무능할지 몰라도 그들이 함께 모이면 소수의 더 나은 자들보다 우수하다.' 학자들 중에는 그가 민주주의자란 증거로 이 논거를 드는 사람도 있지만, 그가 진정으로 이것을 주장하는지는 의심스럽다.

하나하나는 부족해도 그들의 도덕적, 지적 우수성(*aretē*와 *phronēsis*)을 합산하면 소수의 그것보다 더 많다. 또한 그는 단순한 합계만이 아니라, 각자가 서로 다른 측면에서 도덕적, 지적 우수성(*ēthos*와 *dianoia*)을 지니기 때문에 전체로 합치면 더 건전한 판단을 내릴 수 있으리라 기대한다. 그러나 이 논거를 텍스트가 주장하기는 하지만 이것은 아리스토텔레스의 일반적 논조에도 맞지 않고 추론도 엉성하다. 지적이고 도덕적인 우수성이 합쳐질 수 있는지도 의심스럽고 만약 대중들의 서로 다른 측면이 합쳐져 전체가 된다 하더라도 단점들은 빠지고 장점들만 결합할지는 더욱 의심스럽다. 그렇지만 이러한 다수의 승인이 귀족주의적 편견을 깨고 현대의 평등권에 가까이 다가간다는 점은 확실하다. 왜냐하면 그가 합산 이론을 아주 부정하지는 않기 때문이다.

그러나 이것보다 더 흥미로운 것은 두 번째 논거이다. 즉 전문가 대 경험자의 대조이다. 아리스토텔레스는 스스로가 첫 번째 논거에 반대해서 우선 기술-윤리/정치 유비에 따라서 '다수의 합산' 이론에 반기를 들어 본다. 이를테면 의학 영역에서는 전문가인 의사가 일반인 다수보다 더 탁월하다고 반박한다. 그리고 이 유비에 따라서 '정치 분야에서 대중에게 공직자의 선출과 감사를 맡기는 것이 정당할까?' 하고 자문한다.

이 반박에 대한 아리스토텔레스의 재반박은 일차적으로는 합산 이론에 대한 제한적 승인이다. 대중이 너무 한심하지만 않다면 개인으로서는 아니지만 전체로서는 전문가보다 혹은 전문가 못지않게 올바르다. 그러나 더 중요한 재반박은 둘째 논거이다. 이는 전문가가 어떤 제품을 생산하지만 그 제품의 평가에 있어서는 그것을 사용해 본 경험자가 잘 판단할 수 있다는 논거 위에 기초한다. 이를테면 건축가보다는 그 집에 살아 본 입주민들이 더 잘 평가하며 요리사보다는 고객들이 음식을 더 잘 평가할 수도 있을 것이다. 여기서 가장 결정적인 점은 정치 혹은 공공의 분야에서 전문성이 얼마나 권위를 지닐 수 있겠는가 하는 데에 있다. 주권재민이나 만민평등권 혹은 ─사법부는 전적으로 전문가에게 맡겨서 귀족주의적이므로 사법부를 제외한─ 현행 민주주의는 아리스토텔레스의 논거를 인정하는 것으로 보인다. 그래서 우리는 투표를 한다. 현행 '투표' 민주주의는 사법부는 귀족적이고 입법과 행정은 정치에 참여한다는 관점에서 보자면 고대 아리스토텔레스가 일반 대중에게 허용한 것보다도 더 못한 권한만을 우리 일반 시민에게 허용하고 있다. 선출만을 할 뿐, 감사의 권한은 일반 시민이 아닌, 국회의원이 가지고 있다! 우리가 지배에 전혀 참여하지 않는 것은 말할 것도 없고 또한 아직 대통령이나 국회의원에게 책임을 물을 수 있는 권한이 ─원칙적으로는 몰라도 실제로는─ 거의 없다.

마지막으로 아리스토텔레스는 도덕적이고 지적인 우수성을 넘어서는 논거를 제기하는 것처럼 보인다. 그것은 '소수' 대 '다수'가 아니라 '전체'를 말하는 것이다. 아리스토텔레스에 따르면 솔론과 페리클레스 등의 개혁으로 진전된 것은 소수가 아닌 다수가 더 낫다는 것을 넘어서 '부분'보다 '전체'가 더 낫다는 인정이다.

배심재판, 평의회, 민회의 개별 판결과 의지는 그것들이 다수의 것이라 할지라도 전체가 아니기에 어떨 때는 더 낫고 다른 때는 더 나쁠 수도 있다. 하지만 배심재판, 평의회, 민회의 **전체** *pantōn toutōn* **의견은 어떠한 한 명***henos***이나 소수의***oligos* **것보다 더 낫다**. '배심재판, 평의회, 민회 전체'의 의견은 단지 그들 개개인의 의견이 아니라, '전체'를 대표하는 것이라는 논지다. 다시 말해 이는 루소의 '일반의지'에 가까이 가는 논지이다. 전체는 일반의지이니 전체가 권력을 가져야 한다는 것이다.

그러나 이러한 '합산', '경험자/소비자', '일반의지'의 논거에 비교해 볼 때, 우리는 현재 우리의 제도가 과연 이러한 논거에 부합하고 있는가 하는 질문을 해 볼 수 있다. 왜냐하면 우리나라의 삼권분립체제에서 —행정부와 입법부에 대해서는 '직접적으로 갈아 치울' 권리가 있으나— 사법부는 우리 같은 비전문가가 '직접적으로' 간여할 방법이 전적으로 차단되어 있기 때문이다.

특히 이 문제가 절실한 것은 대법원의 사법 농단에 관한 심판을 반드시 판사들, 즉 현재 혐의를 받고 있지 않은 다른 사법부 구성원들에게만 맡겨야 하는가 하는 질문에 대한 답이 마땅치 않기 때문이다. 물론 독재에 항거하고 행정부의 독주를 막기 위해 사법부의 권한을 강화한 것은 충분히 납득할 수 있다. 그러나 한번 이렇게 만들고 보니, 사법부에 한해서는 전문가들만 의견을 관철시킬 수 있고 일반 국민의 경험은 의견을 내기가 곤란해진 것이다.

아리스토텔레스의 정치학에서 나타나는 또 하나의 민주적 요소는 삼권분립의 관념에 연관되어 있다. 몽테스키외가 주창한 권력분립의 이념은 미국 헌법에 처음으로 반영되면서 최초로 사법부의 독립이라는 결과를 가져왔다. 이 관념의 핵심은 권력이라는 막강한 힘 앞에는 개인이 저항할 수 없고 지위와 제도가 보장된 또 다른 권력만이 저항할 수 있고 이렇게 함으로써 권력에 희생당하는 개인의 권리를 지킬 수 있다는 점이다.

서로 견제하는 권력들이라는 이념은 고대 그리스에서도 귀족제를 비판하고 민주적 개혁을 실시하면서 서서히 싹트기 시작했다(이하 논의는 IV, 14, 240-241 참고). 그 결과 아리스토텔레스 당시에는 일반적으로 "정체들의*tōn politeiōn* 세 부분들*tria moria*"이 존재하고 있었다.

그중에서 "지배들/공직들*tas archas*에 관한 부분"은 우리의 행정부에 상응한다. 비록 고위 공직의 피선거권은 소위 능력자/상류층에게 제한되었지만 일반인들은 공직의 선거와 감사를 담당했다. 그다음으로 "공공의 일들에*tōn koinōn* 관해서 심의하는*bouleuomenon* 부분"은 입법부에 상응한다. 왜냐하면 이 부분이 "전쟁과 평화, 동맹과 계약, 법률, 선거와 관리의 감사를 판결하기 때문이다."[39] 이런 일을 관장하는 민회에는 모든 시민이 임기 없이 속해 있다. 마지막으로 "재판하는*dikazon* 부분"은 현재의 사법부에 해당된다. 이 역할도 모든 시민이 돌아가면서 수행할 수 있었다.

이렇게만 보더라도 우리의 현행 제도보다는 당시의 제도가

---

39 Otfried Höffe의 앞의 책 354쪽.

훨씬 직접적인 민주주의이다. 비록 노예, 여자, 거류 외국인 등은 빠지지만 일반 시민은 공직자를 선출하거나 감사하고 폴리스에 중요한 문제를 심의하거나 재판에서 판결하는 업무를 직접적으로 담당하였다. 정도의 차이는 있지만 시민이면 누구나 지배에 참여하였다. 물론 이는 현대의 국가에 비하면 인구나 영토 등 여러 측면에서 규모가 작고 서로 면대면 하는 사회였기에 가능한 것이었다.

그러나 그들은 **직접적으로 주권을 행사**하고 있었지, 단지 투표만 한 것은 아니었다. 현대식으로 표현해 보자면, 행정부의 공직자들에 대항하는 대항권력으로서 고위직들을 선출하고 감사할 뿐만 아니라 직접적으로 그들의 업무에 관해 커다란 범위에서 한계를 갖게 하고 다양한 부정의의 사태에는 직접적으로 판결에 참여하였다.

2. 정의

4장의 마지막 부분에서 언급했듯이 언어적 능력은 정의의 문제를 제기한다. 그리고 롤스를 따르면 정의가 빠진 국가는 무

가치하다. 아리스토텔레스에게도 정치의 목적인 "정치적 선은 정의이며, 그것은 곧 공공의 복지이다"(Ⅲ, 12, 167). 플라톤이 단지 이론*logō*에 따라서 이상국가를 구상했던 반면에 아리스토텔레스는 당대의 현실을 검토하면서 자신의 정치학을 전개함으로써 현실 속의 다양한 불의들을 고려할 수 있었다. 물론 그는 당시에 각각의 정치체제마다 서로 다른 정의관을 가지고 있다는 것을 알고 있었다. 그런데 **정의는 폴리스를 보존하는 가장 중요한 기둥** 중 하나기 때문에 정의관은 그것들의 주요한 자기 정체성이라 할 수 있다.

아리스토텔레스가 보기에는 당대의 정의관들 대부분이 불충분했다. 그래서 예컨대 Ⅲ, 9, 155-156에서 아리스토텔레스는 과두제와 민주제의 정의관 차이를 검토한다. 양 정체는 일탈된 정체들이지만 모두 나름의 정의관을 확실하게 가지고 있었다. 그리고 그것들 각각은 나름 타당한 바가 없지 않지만, 아리스토텔레스에게 그것만으로는 불충분했다.

가난한 다수에 의해 지배되는 민주제의 대표자가 보기에는 평등*ison*이 곧 정의*dikaion*다. 여기서 평등은 우리의 보편적 평등관과는 달리 '단지 부자라고 해서 더 나을 것이 없다'라는 식으로 당대의 한계를 안고 있는 평등이다. 이에 반해서 부유한 소수에 의해 지배되는 과두제의 대표자는 불평등anison이 정의 dikaion라고 한다. 이 경우의 불평등도 다른 불평등이 아니라 '부자가 빈자보다 더 가치가 있다'라고 여기는 이른바 차등에 가까운 불평등이다.

이 정체들이 일탈의 정체인 이유는 그것들의 정의관이, 단지 자신들에게만 그럴듯해 보이는, 주관적인 것이기 때문이다. 이 두 정체들이 이렇게 정의에 관해서 판단을 그르치는 이유는 그들이 정의를 다루면서, 실은 그들 자신에hautōn 대해서도 같이 다루기 때문이고 사람은 누구나 자신의 것들/사적인 것들에tōn oikeiōn 관해서는 판단을 그르치기 쉽기 때문이다. 그들은 정의관을 논하면서 은연중에 자신들의 (지배의) 정당성을 옹호하고 있는 것이다.

롤스가 정의에 대한 합의에 따라서 서로 다른 정부형태를 구상할 수 있다고 생각하듯이 정치와 정체의 문제에 있어서 정의는 결정적인 개념이다. 그런데 고대에는 정의관이 현대보다 훨씬 광범위하였다. 플라톤에게 정의는 단순히 덕들 중의 하나가 아니라 '모든 덕의 총체'였다. 물론 아리스토텔레스도 역시 이러한 광범위한 정의관을 가지고 있다. 『니코마코스 윤리학』 V, 1, 162-164에서 아리스토텔레스는 ─우리가 흔히 보편적 정의 *iustitia universalis*라고 부르는─ 광의의 정의*hē dikaiosynē*를, 다른 사람들에 관계되는 한, '완전한 윤리적 탁월성*aretē teleia*'으로 혹은 '윤리적 탁월성들 중의 최고의 것*kratistē*'으로 규정한다.

왜냐하면 이 정의에는 법률이 지시하는 모든 것들이 속해 있기 때문이다. 예컨대 법률은 전쟁에서는 용기를 가지고 후퇴하지 말며, 일상생활에서는 간통하지 말도록 하는 절제를 지시한다. 그래서 정의 속에는 모든 윤리적 탁월성*pas' aretē*이 다 들어 있다. 그 이외에도 자기와 관계해서는 탁월하기/최선을 다하기 쉽고 남에게는 그렇게 하기 어려운데, 정의는 '타인에게 좋은 것*allotrion agathon*'이기에 최선의 덕이고 '덕들의 총체'다. 그리고 공동체에서는 지배자나 다른 구성원들이나 할 것 없이 다른 모든 사람에게 유익한 것을 하는 사람이 정의로운 사람이다. 이렇게 정의는 덕들의 전체이고 부정의는 악덕의 한 부분이 아니라 악덕들 전체이다. 단적으로 말해서 **윤리적 탁월성과 정의는 같은 것**이다.

아리스토텔레스는 이러한 포괄적인 덕으로서의 정의뿐 아니라, 우리가 특수한 정의*iustitia particularis*라고 부르는, '덕의 한 부분'으로서의 '분배의 정의'도 알고 있다. 그는 이 정의를 '단적인 정의*to haplōs dikaion*'로부터 구분해서 '정치적 정의*to politikon dikaion*'라고(『니코마코스 윤리학』 V, 8, 182) 부르기도 한다. 이 정의는 자유롭고 ―"비례에 따라서*kat' analogian*든 수에 따라서*kat' arithmon*든"― 평등/동등한*ison* 관계에 있는 사람들 사이에서의 일, 즉 아리스토텔레스식의 시민들 사이에서의 일이며, ―롤스의 견해처럼― 폴리스의 삶에서 결정적이다.

왜냐하면 공정한 분배로서의 정의는 폴리스의 모든 구성원들이 추구하는 거의 모든 재화인 명예(*timē*, 공직과 지위도 포함), 돈, 안전보장*sōteria* 등을 다루기 때문이다(『니코마코스 윤리학』 V, 2, 166). 모든 사람은 재화를 추구하지만 재화는 한정되어 있기 때문에 공정한 분배가 중요하다(이하 논의는 『니코마코스 윤리학』 V, 3, 168-170 참고). 불의는 재화 분배에 있어서 과다過多와 과소過小인데 반해 정의는 일반적으로 동등/평등*to ison*이다. 하지만 재화를 모든 구성원에게 산술적인 평균에 따라서 배분한다면 아무도 노력할 생각을 하지 않을 것이다. 왜냐하면 정의가 단순히 산술적인 평등을 의미한다면 더 노력해도 더 받을 것이 없기 때문이다.

그러므로 구성원들이 공동체에 대해서 기여한 바에 따라서 서로 다른 가치/공적*axia*을 인정해 주어야만 하고 그 때문에, 분배로서의 정의는 소위 **비율적인*analogon* 평등**을 따른다. 그런데 권력과 공직 분배의 예로 되돌아가 보자면 민주제에서는 구성원들의 능력이나 가치/공적을 인정하지 않고 수적인 평등을 강요해서 누구나가 같은 권력을 쥐게 하므로 다수인 가난한 자들이 권력을 쥐게 된다. 이에 반해서 과두제에서는 소유에 따른 평등을 강요하므로 소수인 부자들에게 권력이 독점된다.

전자에서는 소수가 권력에서 배제되고 후자에서는 다수가 배제되니 전체로 생각하자면 모두 불의하다. 또한 권력에서 배제된 자들은 공동체의 보존에 커다란 위협이 되기에 아리스토텔레스는 이를 일탈 형태로 규정하는 것이다. 앞서 4장에서 언급하였듯이 정의는 폴리스의 '보존*sôteria*'을 위해 필수적인데, 이렇게 한 계층 전체를 배제하는 정의관은 폴리스의 보존이라는 관점에서도 위험하다.

인간의 더 뛰어난 정치성을 다시 한번 검토해 보자. 인간이 다른 군집동물들보다 더 정치적인 이유는 인간에게만 존재하는 언어*logos* 능력 때문이다. "단지 인간만이 선과 악, 정의와 불의 그리고 다른 것들을 지각할 수 있다는 것이 다른 동물들에 비해서 인간들에게 고유하다. 선, 악, 정의, 불의의 교감이 가족과 폴리스를 건설한다"(I, 2, 21). 폴리스 건설의 근거는 플라톤처럼 협동을 통한 필수적인 욕구들의 충족(『국가』 II, 146-147) 혹은 홉스처럼 안전보장에 둘 수도 있으나 아리스토텔레스에게 이것들은 단순한 생존의 차원이어서 폴리스 건설의 원인이 되지 못한다. 가족을 포함하여 폴리스 건설은 상호소통을 통한 선, 악, 정의, 불의에 관한 교감이 근거가 되고 또한 목표도 된다. 그런데 사람들은 수학이나 기하학 같은 가치중립적인 문제에 대해서는 —이해를 못할 수는 있어도— 결국 합의에 도달하게 된다. 그러나 선과 정의에 관해서는 견해의 대립 때문에 서로 갈등하며 싸우기 마련이다. 이 점이 민주제와 과두제 그리고 민주제적 인간과 과두제적 인간의 논쟁이기도 하다. 우리의 현실에 적용해 보자면 진보적인 인사와 보수적인 인사의 갈등이 항상 이렇다. 진보 측 논리는 경제성장이 조금 늦더라도 더 평등해야 한다는 것이고 보수 측 논리는 조금 불평등해도 경제성장이 우선되어야 한다는 것이다.

그들이 이렇게 갈등하는 것은 선과 정의에 관한 가치관의 차이에 의해 다투면서 실은 "그 자신들에*hautōn* 대해서" 그리고 "자신의 것들/사적인 것들에*tōn oikeiōn* 관해서"(Ⅲ, 9, 156) 다투기 때문이다. 선과 정의에 관해서 논쟁을 하다 보면 논쟁의 대상뿐 아니라, 실존적으로 자기 자신도 연루되기 마련이다. 그래서 그들은 자신이 선택한 삶의 형태*bios*를 은연중에 내비치며 자신의 실존적 태도도 함께 논쟁 속으로 끌어들이게 된다. 그리고 이렇게 싸운다는 것은 서로 일치하지 못한다는 것이기에 폴리스의 다수성/다양성에 상응한다. 즉 **갈등은 이상할 것이 없는 현상이고 그것이야말로 폴리스다.**

오히려 단순한 '하나'는 독재나 전체주의이거나 사회의 획일화에 순응하는 것이기에 폴리스라 할 수 없다. 그러나 이 갈등이 단지 전쟁으로 끝난다면 폴리스는 건설되지 못하거나 건설된다고 하더라도 유지될 수 없다. 또 이 차이가 극단으로 치닫는다면 혁명이 일어나거나 쿠데타가 일어날 것이다. 그렇게 되면 아리스토텔레스의 말처럼 ―그것이 얼마나 새로우냐 하는 점은 둘째 치고 어쨌든― '새로운' 정체가 될 것이다. 이 점은 우리 역시 실제 역사 속에서 이미 경험해 본 적이 있다.

정치란 대립하는 측들이 함께 살며 선과 악 그리고 정의와 불의에 관해서 '서로서로 말과 생각을 나누고'(『니코마코스 윤리학』 IX, 9, 342) 논거들을 주고받아서 차이와 갈등을 전쟁으로 가지 않게 만드는 것이다. 그래서 정의는 정치적 논의의 근거가 된다. 『정치학』 III, 13, 170-173에서 아리스토텔레스는 권력을 정의롭게 분배하기 위한 기준을 탐구한다. 그리고 그는 당대의 관습을 따라서 탁월함/덕, 부, 가문, 다수 등을 제시한다. 물론 현대를 사는 우리는 고대 계급 사회의 아리스토텔레스의 권력 분배에 관한 고민에 동의하기가 어렵다. 왜냐하면 우리는 누구나 동등하게 선거권과 피선거권을 가지고 있기 때문이다. 그러나 선거철만 되면 입후보자들은 성장, 안보, 자유, 정의, 평화 등 자기들마다의 가치를 내세우며 자기들이 권력을 가져야 한다고 우리의 한 표를 요구한다. 원칙상 누구나 평등하게 행정과 입법의 권력을 가질 수 있지만 이것이 현실은 아니며, 다만 선거철에 우리 각자의 신념에 따라서 일정 기간 동안 누군가에게 권력을 위탁할 수는 있다.

아리스토텔레스 스스로는 탁월성/덕을 선호하는 것으로 보이지만, 극단적이지 않기 때문에 권력 분배의 문제에 있어서 여기에 모든 것을 걸지는 않는다. 왜냐하면 만약 하나의 가치만을 권력에 대한 분배적 정의의 유일한 기준으로 삼는다면 나머지 시민들은 모두 배제하게 되고 이것은 위험한 일이 될 것이기 때문이다. 그래서 아리스토텔레스는 하나의 기준만으로 권력을 분배하지 말기를 충고한다. 그리고 여기서 다시 국가 전체의 이득을 논한다. 권력의 분배에 있어서 "올바름*orthon*"은 "평등하게/동등하게*isōs*"를 의미해서 "평등하게 올바른*isōs orthon*" 분배가 "전체 폴리스의 이익이고 시민들의 공통된 이익"이 된다(Ⅲ, 13, 173)고 결론짓는다. 여기서 다시 권력분배, 정의, 평등 그리고 공공의 이익이 연결된다.

정의로운 분배와 평등의 일치는 아직 새로운 게 없다. 그래서 아리스토텔레스는 앞에서부터 계속 주장해 오던 시민의 규정을 보충한다. "시민이란 일반적으로 지배하고 지배받음에 참여하는*metechōn* 사람이다." 이 문맥에서 이 주장은 새로운 의미를 가질 수 있다. 즉 시민 누구나가 양자 모두, 지배하고 지배받음에 참여해야 한다는 것이다. 즉 시민 중에는 노예처럼 지배와 권력에서 '배제되는' 층이 있어서는 안 된다는 강조가 된다. 그에 따라서 그는 '다른 층을 아주 배제하지 않으면서도' 권력

216

을 분배할 기준이 무엇인지는 탁월함, 부, 가문, 다수 등 정체에 따라 각각 다르다는 점을 인정한다.

한편에서 그는 전형적인 현실주의자이다. 그래서 이를테면 플라톤처럼 탁월함 하나만을 기준으로 삼고 그것을 관철할 생각을 하지 않는다. 이렇게 되면 부나 가문이나 많은 수를 자랑하던 다른 계층들은 지배로부터 모두 배제될 것이기 때문이다. 그러므로 그의 결론은 타협이 아닌가 추측해 본다. **공정으로서의 정의는 산술적 공정이 아니라 가치axia에 걸맞은 공정**이다. 그러나 문제는 그 가치의 기준이 각각의 정파에서 서로 다르기 때문에 타협 이외에는 해결책이 없다는 것이다.

다른 한편으로 그도 이상주의자이다. "최선의 정체에서라면 [시민은] (윤리적) 탁월성에 따르는 삶의 형태ton bion ton kat' aretēn를 위하여 지배받고 그리고 지배할 수 있는 능력이 있고dynamenos 또한 기꺼이 그러기로 선택하는prohairoumenos 사람이다"(Ⅲ, 13, 173). 플라톤과 마찬가지로 아리스토텔레스도 역시 윤리적이고 정치적인 탁월성aretē을 중시하기 때문에 그의 이상국가에서는 그것이 공직 배분의 비율을 결정할 가치의 기준이다. 물론 그도 부나 가문 혹은 다수 등의 경쟁적 가치들이 있음을 알고 있기 때문에 이것들도 아주 배제하려고 하지는 않는다.

이 사고방식은 고대적인 목적론과 기술-정치 유비에 근거해 있다(이하 논의는 III, 12-13 참고). 폴리스는 우선적으로 성취해야 할 목적이 있다. 그것은 바로 **모든 시민이 인간적으로 탁월해지는 것**이다. 그리고 이러한 폴리스가 좋은 폴리스이다. 폴리스의 안전을 확보하면서도 이 목표를 성취할 사람은 윤리적으로도 정치적으로도 탁월한 사람이다. 그러므로 하위 권력들은 몰라도 최고 권력들은 이 능력을 기준으로 해서 분배해야 한다. 마치 좋은 피리는 가문이 좋거나 부유하거나 미모의 사람이 아니라, 잘 연주할 수 있는 사람에게 제공해야만 그것의 목적이 잘 실현될 수 있는 것과 마찬가지다. 이것은 성왕聖王정치를 주장하는 유교와 비슷한 신념이다.

근대의 자유주의는 가치나 삶의 목적이 아주 상이하다는 것을 잘 인지하고 있어서 가치나 목적 대신에 개인의 선택권을 주장했다. 개개인은 누구나 자기를 위해서 가치나 삶의 목적을 선택할 권리가 있고 이 권리가 자유의 핵심적 내용을 이룬다. 그래서 자유주의적 정신에 따르면 "정부는 도덕적·종교적 문제에서 중립을 지켜, 무엇이 좋은 삶인지 개개인이 자유롭게 선택할 수 있어야 한다"(정의란, 344). 그러므로 특정한 가치나 삶의 목적은 분배 정의의 기준이 될 수 없다. 자유주의는 아리스토텔레스에 반대해서 가치중립적인 정치를 말한다.

그러나 공동체주의자인 샌델Michael J. Sandel은 자유주의자의 소위 가치중립성을 비판한다. 왜냐하면 '선택할 권리와 자유'가 "도덕적·정신적 갈망과 관련되지 않을뿐더러, 더 큰 의미의 공적 삶에 대한 갈망에 답하지도 않았"(정의란, 348)기 때문이다. 샌델의 입장은 '고귀함kalon'에의 열망과 다르지 않다. 자유주의나 현실주의적 정치학자들은 사람을 돌멩이나 짐승 취급하고 있다. 홉스는 단지 생존과 안보의 사회에 만족하며 롤스는 ―홉스를 넘어서지만 그도 역시― 인간과 국가의 가치와 목적에 대해서는 침묵한다. 그러나 공동체주의자나 이상주의적 정치학자들은 이 문제에 대답하고자 한다.

아리스토텔레스의 목적과 선 그리고 탁월성이 형이상학적이고 목적론적이며 어떤 점에서는 지배 이데올로기와 연결되어 있는 것은 사실이다. 샌델도 자인하다시피 목적과 선에 대해서 너무 이견이 많은 것 역시 사실이다. 그렇지만 그는 그럼에도 아리스토텔레스를 지지한다. "정의와 권리에 관한 논의를 좋은 삶에 대한 논의에서 분리하려는 시도는 두 가지 이유로 잘못이다. 본질적인 도덕 문제를 해결하지 않고서는 정의와 권리의 문제를 결정할 수 없고, 설령 그럴 수 있다 해도 바람직하지 못하기 때문이다"(정의란, 349).

정치는 결국 선에 관한 문제에 부닥치기 마련이고 이를 외면할 경우에는 동물처럼 생존이 최우선을 차지하게 된다. 모두가 인정할 수 있는 것은 물질의 법칙이나 동물적인 본능에 국한되기 때문이다. 정치가 이렇게 하향 평준화되는 것을 막으려면 분배의 정의 논의에 좋은 삶이라는 개인적이고 국가 전체적인 목적을 함께 고려하는 것이 필요하다. 그러므로 아리스토텔레스와 샌델은 인간 고유의 '고귀함*kalon*'에의 열망과 언어*logos* 능력에 의지하여 "좋은 삶의 의미를 함께 고민하고, 으레 생기게 마련인 이견을 기꺼이 받아들이는 문화를 가꾸어야 한다"(정의란, 361)라는 데 공감할 것이다.

필자가 이들의 입장에 공감하는 것도 현대에는 공적 참여로서의 정치가 상실되었기 때문이다. 행정·입법·사법이라는 3부의 '지배자'들은 —기능적 탁월성은 몰라도— 윤리적, 정치적 덕에 따라서 지배하는 것은 염두에 없으며 그뿐 아니라 지배받을 생각은 아예 없는 것 같다. 게다가 일반 국민들 역시 지배할 생각은 하지 않는다. 그보다는 오히려 공공의 영역으로부터 도피해서 사적인 영역에 안주할 생각인 것 같다.

그러나 이는 아리스토텔레스에 따르면 자유도 정의도 아니다. 현대는 지배층과 피지배층이 분리되어 양쪽 모두 다만 기능적 효율성과 사적 영역의 확보에만 골몰하기 때문에 공공의 영역의 축소와 사회 전체의 사사화私事化, privatization가 득세하고 있다. 이것은 아리스토텔레스가 꿈꾸는 '좋은 삶을 함께 고민하면서 지배받기도 하고 지배하기도 할 능력이 있으며dynamenos 그러기로 선택을 한prohairoumenos 사람이 되기'를 포기하는 것이다.

6장
폴리스의 적극적인 통합력: 우정과 교육

　개인의 측면으로부터 그리고 권리 개념을 중심으로 한 현대의 정치사상들은 현대인의 자유관을 잘 보여 준다. 거기에는 이전 시대의 지배 이데올로기를 분쇄하며 인권을 점점 확대해 간다는 장점이 있다. 그러나 고대인 아리스토텔레스는 공동체의 측면으로부터 그리고 역할과 목적 개념을 중심으로 정치에 대해서 사유한다. 그러므로 그가 생각하는 시민은 바람직한 공동체에 대한 관념을 중심으로 거기서 할 수 있는 자신의 역할을 염두에 두고 공동체의 일들을 고민하는 사람이다. 그렇게 보자면 현대는 공동체를 벗어나려는 혹은 공동체로부터 자기를 방어하려는 원심력이 강하고 고대는 공동체에 적극적으로 참여하여 공동체를 이상적으로 형성하려는 구심력이 강하다.

물론 이 구심력은 언제나 '개미굴을 만들겠다는 지배 이데올로기로 작동할' 위험이 크다. 기능, 목적, 선, 정의 개념 등을 너무 강조하면 지배 이데올로기화할 가능성은 더욱 커진다. 이러한 위험성을 어느 정도라도 완화시켜 주면서 폴리스를 통합하고 이상으로 이끄는 두 개념이 바로 우정과 교육이다.

1. 우정: 함께 살겠다는 선택

앞서 4장의 3, 1)에서 총괄적으로 그리고 5장, 2에서 정의와 관련하여 논의했듯이 폴리스는 다수이면서 하나고 하나이면서도 다수이다. 그렇게 다양성과 차이 그리고 이로 인한 갈등을 간직한 공동체가 바로 폴리스인데, 이를 통합하는 것이 정의와 우정이다.[40] 그러나 이 둘의 통합 방식은 다르다. 정의가 합리성을 바탕으로 폴리스를 형식적으로 통합한다면 정서를 바탕

---

40 이 이하의 논의는 Otfried Höffe의 앞의 책 '15.3 우정과 다른 전제'와 앞에서 나온 주 광순 「아리스토텔레스의 정치학」의 '3.3 하위 공동체인 가족제도의 유지와 *philia*의 강조'를 많이 참조하였다.

으로 하는 우정은 폴리스를 실질적으로 통합한다(이하의 논의는 『니코마코스 윤리학』 VIII, 1, 278 참고).

일반적으로 말해서 합리성을 기반으로 해서 형식적으로 하는 통합은 정서를 기반으로 한 실질적 통합보다 힘이 더 약하다. 그래서 아리스토텔레스 이전의 입법자들도 정의보다 우정을 더 선호했다. 왜냐하면 우정은 그들이 추구했던 '화합/한마음*homonoia*'과 비슷해서 폴리스가 분열하는 것을 방지하기 때문이다.

아리스토텔레스도 역시 우정을 폴리스에서 최고의 것으로 생각했다. "서로 친구인 사람들 사이에서는 더 이상 정의가 필요하지 않지만 서로 정의로운 사람들 사이에서는 우정이 추가적으로 필요하고, 정의의 최상의 형태는 [서로를 향한] '우정의 태도*philikon*'처럼 보인다." 앞서 5장 2에서 정의가 폴리스의 '보존'을 위해서 필요한 장치였다면, 아리스토텔레스는 여기서 폴리스 통합의 능력에 있어서 우정이 정의보다 더 뛰어나다고 평가하고 있는 것이다.

예컨대 II, 4, 72-73도 그렇다. 플라톤이 부인과 자식을 공유하자는 것은 권력을 독점한 층에게 가족은 폴리스를 분열시키는 주된 원인이 된다는 사실을 직시하였기 때문이다. 그러나 아리스토텔레스는 이 점에 반대한다. 그는 처자 공유가 우정을 약화시켜서 폴리스의 통합을 유지할 중요한 기둥 하나를 상실하게 만들 것이라고 믿기 때문이다. 플라톤이 본 것은 가족이나 친구와 같은 '사적인 친밀성'이 부패와 파당의 원천이라는 점이지만, 아리스토텔레스는 '사적인 친밀성'이야말로 '사적 관계'를 지켜 주는 울타리인 국가 공동체를 향한 애착의 원천이라고 여긴다. 그래서 "우정*philia*이 폴리스들에게 선들 중에서*tōn agathōn* 최상의 것*megiston*"이라고 단정한다. 왜냐하면 우정과 같은 '사적인 친밀성'이 국가에 대한 애착을 증진시키기 때문이다. 그러므로 폴리스를 여럿이 아닌 하나로*to mian* 만드는 자발성, 즉 **폴리스의 통합은 다름 아닌 "우정의 산물*tēs philias ergon*"**이다.

이 점은 논의를 필요로 한다. 플라톤이 직시하였듯이 최고 지배자의 가족이나 사유재산이 언제고 국가 공동체를 분열시킨다는 사실은 잘 알려져 있다. 이를테면 자기 소유의 침실과 창고가 커지지 않는다면 독재자가 무엇 때문에 욕을 먹으면서까지 독재를 하겠는가? 그렇다면 여기서 아리스토텔레스가 주장하고자 하는 바는 무엇일까? 그가 가족과 같은 하부 공동체들이 폴리스의 분열을 유발시키는 원인이 된다는 것을 모를 리는 없다. 하지만 그는 하부 공동체들이 순기능도 한다는 점을 강조한다.

III, 9, 158-159를 보자면, 가족들이나 씨족들은 예컨대 가문 간의 결혼 같은 것들을 통해서 더 넓은 범위의 결합을 성취할 수 있다. 이러한 화목함은 비록 공적이지 않고 사적인 일에 불과하지만, 공동체 통합에는 도움이 된다. 그래서 씨족 연맹이나 종교에서 하는 축제는 지배자들이 늘 이용하는 통합의 수단이기도 하다. 아리스토텔레스 역시 바로 이 하부 공동체들이 ─우정을 통해서─ 폴리스를 통합시키는 순기능을 한다고 주장하는 것이다.

국가의 통합은 단순히 제도를 통한 정치적 합리성만으로는 불충분하다. 합리성은 비유컨대 사방을 환하게 만들어 옳고 그름을 판단하게 만들기에 사적 이해타산에만 몰두하는 것을 저지한다. 그러나 차가운 합리성에 반해서 우정과 같은 정서는 따스하게 공동체를 감싸서 통합시키는 능력이 탁월하다. 물론 이처럼 정서적, 무의식적 구심력만이 작동한다면 그것은 개미 집이나 다를 바 없는 집단주의로 전락하겠지만, 아리스토텔레스가 생각하는 우정은 막연한 감정이 아니다.

그는 우정을 단순한 정서로만 보는 것이 아니라 "**함께 살겠다** *syzēn*고 하는 '**선택***prohairesis*'"이라고 묘사한다. 아리스토텔레스 윤리학의 용어법에서 *prohairesis*는 반드시 의식적이지는 않지만 자발성과 합리성의 결합이다. 그러니까 그는 우정을 단순한 정서만이 아니라 합리성의 요소도 함께 가진 복합적 능력으로 파악한 것이다. 자발성과 합리성을 배제하지 않은 우정은 따뜻하지만 역시 밝기도 한, 폴리스를 통합시키는 힘이다. 빛과 열이 결합하여 제대로 불이 되듯이 아리스토텔레스식의 우정은 폴리스에 대한 **불합리하지 않은 애착**이라고 규정될 수 있을 것이다.

(정서적일 뿐만 아니라 합리적이기도 한) 우정이라는 힘은 하부 공동체들을 보충성의 원리에 따라 통합시킨다. 그 결과 "폴리스는 가족과 씨족에게 좋은 삶의 공동체*koinōnia*이고 완전하고도 *teleias* 자족적인*autarkous* 삶을*zōēs* 목적으로 하는*charin* 공동체이다"(Ⅲ, 9, 159).

그러므로 폴리스는 단순한 이익 사회가 아니다. 폴리스는 단지 하나의 영토에 함께 모여 있는 단체에 불과한 것이 아니고 단지 불의를 방지해서 안전을 보장하기 위한 단체도 아니며, 상호원조를 위해서나 재화의 교류를 위해서 함께 모여 있는 단체도 아니다. 현대 자유주의자들이 희망하는 대로 쾌락과 유익이 다 달성된다고 하더라도 아직 그것은 폴리스가 아니고 그 이상이 더 필요하다. 그보다는 오히려 고상한 이념을 향해서 함께 길을 가는 공동체이다.

폴리스는 보충성의 원리를 따라서 자율성은 가능한 한 보존해 주면서 가족이나 씨족 등의 **하부 공동체들을 도와서 '좋은 삶'을 달성하게 만드는 보충이자 지평이자 장**이다. 개인, 가족, 씨족 등은 폴리스 안에서 '드디어' 완전한*teleias* 삶을 살 수 있다. 또한 폴리스에서 '비로소' 그것들의 자족적인*autarkous* 삶을*zōēs* 성취할 수 있다.

4장 3, 1)에서 언급했듯이 자족*autarkeia*은 아리스토텔레스 정치학의 주요한 개념이다. 자족은 —다수*plēthos*와 하나*hen*라고 하는 서로 대립하는 두 요소가 들어 있어서— 단순한 하나가 아닌 다수의 조화*harmonia*라는 개념을 내포하고 있다. 플라톤이 하나가 될 것을 강조한 것과는 반대로 아리스토텔레스에게 폴리스는 원칙상 다수*plēthos*이기 때문이다. 폴리스는 다양성과 차이와 갈등의 장이다. 하나의 폴리스를 목표로 하는 어느 정치학자 누구라도 개미굴식의 하나는 원치 않을 것이다.

그렇다고 해서 정반대로 다양성과 차이와 갈등만 존재한다면 그것은 폴리스가 되지 못한다. 개인들이나 하부 집단들을 억누를 커다란 폭력이 존재해서 나름의 질서를 형성해도 역시 그것만으로는 폴리스가 되지 못한다. 정의와 우정을 통해서 다양성과 차이가 어떤 하나의 새로운 종합으로 거듭나야만 그것은 비로소 폴리스이다. 그러므로 폴리스는 그 구성원들의 총합을 넘어서 새로운 질을 획득하게 되고 그것이 자족이다. 그리고 "완전하고 자족적인 삶이란 행복하고도*eudaimonōs* 아름답게/고귀하게*kalōs* 사는 것*to zēn*을 뜻한다"(III, 9, 159).

자족적인 삶을 묘사하기 위해서는 이제까지 사용해 왔던 형용사 '좋은*agathos*'과 조금 다른 형용사 '아름다운/고귀한*kalos*'의 부사형인 아름답게/고귀하게*kalōs*가 등장한다. 두 개념은 비슷하지만 조금 다르다. 중성 단수로 추상화시킨 명사형 '좋음/선*agathon*'은 좋음의 가장 일반적인 단어로 '그 자체로 좋은 것'도 의미할 수 있지만 종종 '단지 특정한 사람에게만 좋게 여겨지는 것'일 수도 있다. 그 반면에 "그 자체로 좋은 것, 끌리는 것,

미美, 어떠한 유용성에 관한 언급도 넘어서는 것인 *kalon*미, 고귀함은 도덕적 선에 가장 가깝다."[41] 우리가 죽은 사람 앞에서 '그의 삶은 참 멋진 삶이었어!'라고 할 때의 그 '멋지다'에 가까운 것이 *Kalon*이다.

고귀함은 쾌락이나 유익뿐 아니라 공정성으로서의 정의도 초월하여 자발적인 자기희생도 불러일으킨다. 그래서 보통은 *kalos*를 '아름다운'으로 번역하지만, 요즈음 윤리학이나 정치학에서는 '고귀한'으로 번역하는 추세이다. 완전하고 자족적인 삶은 행복하고도 고귀한 삶이다. 사람마다 다를 수는 있겠지만 자기 나름의 실존적 태도를 정하며 많은 갈림길에서 실존적 태도에 의거하여 어떤 결정을 하고 그 방향으로 향해서 행위하며 자신의 태도와 결정에 대해서 동료들과 소통하며 서로서로 경쟁을 벌이는 삶은 그냥 생존이 아니라 아름답고 고귀한 삶이다. 그리고 아리스토텔레스에 따르면 이 삶을 위한 필요조건이 우정이라는 것이다.

그렇다면 우정은 무엇인가? 그리스어 우정*philia*은 우리말의

---

41 Otfried Höffe의 앞의 책 288쪽.

우정보다 훨씬 다양한 범위 안에서 다양하게 그 용례가 발견되는 말이다. 아리스토텔레스는 고등학교 때부터 사귀어 온 친구처럼 단지 비슷하고 동등한 사람들 사이에서만 우정을 발견하는 것이 아니기 때문이다. 우리말의 우정에서는 생각할 수 없는 그러한 차등성의 우정도 많이 있다. 아버지와 아들 사이, 나이 차이가 아주 많이 나는 사람들 사이, 남편과 아내 사이, 지배자와 피지배자 사이에도 우정이 가능하다(VIII, 7, 292). 더 나아가 주인과 노예 사이에서조차 우정이 가능하다(VIII, 11, 303). 여기서 '우정을 지닌' 사람은 아껴 주고 배려하는 선의를 지닐 뿐만 아니라, 감정의 일종인 끌림, 친근함을 필수적 요소로 지녀야 한다는 점에서 단순히 '선의를 가진_eunous_' 사람과는 다르다(VIII, 5, 288).

아무리 친구들이라 하더라도 너무 오래 떨어져 살면 ─선의를 지닐 수는 있을지 몰라도─ 지속적으로 친구 사이로 있기는 힘들다. 아리스토텔레스는 부자, 부부, 군신, 주종 등의 사이에서도 이러한 끌림이 가능하다고 말한다. 그런데 동등성의 우정이야 우리말에도 문제가 없으나 차등성의 우정은 우리의 언어 관습으로는 이해하기 곤란하다. 이를테면 내리사랑과 효성은 우정이 아니기 때문이다.

이는 그리스인들에게도 문젯거리였던 것 같다. 특히 노예는 주인의 생산 도구이고 아무러한 공통점도 없다. 그래서 아리스토텔레스는 이렇게 해명한다. "노예가 노예인 한에는 우정이 불가능하지만, 그가 자신과 마찬가지로 인간인 한에서는 가능하다"(VIII, 11, 303). 그렇다면 우리도 이해가 가능하다. 아무리 우리와 차이가 나는 사람이라도 '인간적인' 끌림이 있을 수 있다는 것은 사실이기 때문이다. 이것은 『맹자』「만장장구」감문우장의 가르침과 흡사하다. "나이 많은 것을 자랑해서는 안되며 자기 신분이 귀한 것을 자랑해서도 안되며 형제가 권력 있음을 자랑하지 말고 사귀어야 할 것이다. 벗이라는 것은 그 덕을 벗하는 것이니 결코 자랑하는 일이 있어서는 안 된다."[42] 필자 개인적으로는 우정을 '사적인 친밀성'으로 규정하고 싶다.

아리스토텔레스가 말하는 우정의 세 종류를 설명해 보자(VIII, 3, 281-284). 그중 둘은 부차적인 의미에서*kata symbebēkos*의 우정으로 유익을 이유로 하는 우정과 쾌락을 이유로 하는 우정이

---

42 『맹자·대학』, 249쪽.

다. 이런 우정들은 상대에게서 유익이나 쾌락을 얻지 못하게 되면 더 이상 친구 관계가 지속될 수 없다. 우리 같아도 이것은 진정한 우정이 아니라고 말할 것이다. 왜냐하면 엄밀히 말하자면 이러한 '소위 친구'들이 진정으로 욕구하는 것은 유익과 쾌락이지 친구인 그 사람은 아니어서 그 사람이 유익이나 쾌락을 제공하지 못하면 쉽사리 우정의 대상을 바꿀 것이기 때문이다. 이와는 달리 "완전한 우정teleia philia은 좋은 사람들 사이tōn agathōn 그리고 (인간적/윤리적) 탁월성에서 유사한 사람들 사이kat' aretēn homoiōn [존재하는] 우정이다"(VIII, 3, 283). 이것이야말로 주인과 노예 사이에도 ―그들이 인간적으로 비슷하게 탁월하다면― 가능한 우정이다. 이 우정은 그들의 탁월성이 지속되는 한 지속될 것이고 탁월성은 지속적이니 이들의 우정도 지속될 것이다.

특히 완전한 우정은 "일종의 윤리적 탁월성이거나 혹은 탁월성에 수반되는 것"으로 규정되었기(VIII, 1, 277) 때문에 이것은 인간 누구나가 가진 단순한 소질이나 쉽게 오갈 수 있는 감정과는 차원이 다른 것이다. 따라서 제대로 된 우정 어린 행동이란 많은 반복된 행동들을 통해 이미 체질화된 내적 품성hexis으로부터 거의 습관적으로 우러나오는 것이다. 오래된 친구에게 하기 마련인 행동을 생각해 보면 쉽게 알 수 있을 것이다. 그리고 아리스토텔레스가 다루는 우정은 친구들 사이에서 향유하게 되는 좋은 느낌 같이 단순히 개인적인 감정에 불과한 것이 아니라, 훈련에 의해서 획득된 능력*energeia*이다.

그래서 탁월성으로서의 완전한 우정을 획득하게 된 사람은 상대방 그 자체의 탁월성만을 주목하지 상대를 신분이나 계급으로 보지 않고 ―자기와 마찬가지의 한 사람으로― 그 인간적인 탁월성에 이끌리기 마련이므로 그는 노예와도 우정을 가질 수 있게 될 것이다. 흔히 우리는 유사성을 우정의 원인으로 생각하기 쉽지만, 차이와 함께 하는 인간적인 동질성이 오히려 더 강하게 매력으로 다가올 수 있을 것이다.

그리고 우리가 정말 우정 개념을 이렇게 광범위하게 적용할 수 있다면 원칙적으로 폴리스의 어떠한 사람과도 우정을 맺는 것이 가능할 것이다. 그래서 아리스토텔레스는 합리적이면서도 또한 정서적인, '완전한 우정*philia*'을 폴리스를 통합시키는 효과를 가진 것으로서 자신의 정치학을 위해서 중요한 개념으로 등장시킬 수 있었다.

아리스토텔레스는 『니코마코스 윤리학』 VIII, 1, 277에서 우선 우정을 단적으로 찬양한다. 왜냐하면 우정이 "[어떠한] 삶의 형태 *bios*에서[라도] 가장 필수적인 것*anangkeiotaton*이기 때문이다. 왜냐하면 우정은 다른 모든 좋은 것들*agatha panta*을 다 가졌다 하더라도 친구가 없는 삶은 그 누구도 선택하지 않을 것이기 때문이다." 우정은 다른 모든 좋은 것들을 가지고 있어도 그것이 없다면 그 좋은 것들이 빛을 바래는, 그러한 것이다.

돈, 명예, 건강 등이 다 있어도 친구가 없다면 그 삶은 삭막할 것이다. 우정은 단순한 생존을 위해서는 필수적이지 않지만 좋은 삶을 위해서는 가장 필수적인 것이며 또한 아무리 좋은 삶이라도 우정이 없다면 아쉬운 삶이 된다. 이 주장이 정당하다면 우정은 정의처럼 의무라기보다는 오히려 기꺼이 하고 싶은 고귀한 것이다. 그러므로 "우정은 필수적인 것*anangkaion*일 뿐 아니라 고귀한 것*kalon*이기도 하다"(『니코마코스 윤리학』 VIII, 1, 278).

윤리적인 어려움은 흔히 무엇이 올바른가에 대답하기 어려운 점에도 있지만, 한편으로는 —그것이 올바르다 할지라도— 하기 싫은데 왜 그것을 해야만 하는가 하는 반문에 답변하기 어렵다는 점에서 생기기도 한다. 그래서 『국가』 II, 126-127에서 플라톤은 글라우콘의 입을 빌어서 사회계약론적인 정의관을 우리에게 들이민다.

현실적으로 볼 때 불의를 행사하는 것*to adikein*은 좋지만*agathon*, 불의에 당하는 것*to adikeisthai*은 나쁘다*kakon*. 그런데 일반 대중은 불의를 행사할 기회는 드물고 불의에 당할 기회는 많다. 그래서 불의를 행사하지도 당하지도 않도록 계약하는 것*synthesthai*이 더 낫다. 이것이 법*nomos*이고 이를 따르는 것이 합법적이며 *nomimon* 정의롭다*dikaion*.

그런데 정의는 옳을지는 모르나 하기 싫은 것이다. 이러한 정의에 비해서 우정은 고귀한 것이기에 자기희생을 치르고서라도 하고 싶은 것이다. 이는 "왜 우정을 유지해야만 하는가" 하는 질문에 대한 답이 된다. 그렇기 때문에 우정은 자발성이라는 점에 있어서도 정의보다 ―폴리스 통합에― 더 효과적이다.

더 나아가서 "탁월성을 근거로 맺어진 친구들은 서로에게 잘해 주려고 애를 쓴다. (이것이 바로 탁월성과 우정의 특성이니까) … 그가 괜찮은 사람이라면 오히려 잘 대해 줌으로써 되갚는다. 받은 것보다 더 많이 되갚은 사람이라도 그가 추구하던 바에 도달한다면 친구에게 불평을 늘어놓지 않을 것이다. 각각은 좋음을 추구하기 때문이다"(『니코마코스 윤리학』 VIII, 13, 307-308). 이것은 우정이 고귀한 친밀감이고 자발성이기 때문에 일어나는 장점이다. 동료 시민들이 서로 친구들이라면 서로서로 잘해 주려고 애를 쓸 것이고 더 나아가서 '정치적 정의'가 요구하는 것보다 더 해 주더라도 불평 없이 계속 잘할 것이다. 그렇다면 정말 우정은 폴리스의 선 중에서 최고라 할 수 있다.

다만 우정에는 약점이 있다. 그것은 너무 광범위하게 퍼질 수 없다는 점이다. 원리적으로는 폴리스 누구와도 친구가 될 수 있지만, 실제로는 만나고 함께할 수 있는 사람들 사이에 한정된다(『니코마코스 윤리학』 VIII, 10, 343-345). 아리스토텔레스가 내세우는 우정의 범위에 한계가 있는 이유는 ① 너무 많은 사람들과 함께 살 수는 없으며, ② 그들의 기쁨과 슬픔에 감정이입이 안 되고, ③ 그들과 깊고도 강렬한 우정을 나눌 수가 없기 때문이다.

그리고 『정치학』 II, 4, 72-73도 플라톤의 처자 공유제를 비판하면서 비슷한 논점을 전개한다. 일상적 가족제도에서는 부모가 자신의 자식을 무척 아끼겠지만 탁아소 같은 곳에서 모든 아이들을 공동으로 양육하게 되면 수가 너무 많기 때문에 친밀감이 희석되어 소홀하게 취급하게 되고 말 것이다. "왜냐하면 자신의 것과 소중한 것, 이 두 가지가 제일 많이 사람들로 하여 금 배려하고 애정을 주게(*philein*, 직역하자면 우정을 느끼게) 만들기 때문이다." 그리고 이러한 내밀함과 강렬함은 마음대로 확산될 수 있는 것이 아니다.

2. 인도주의적인 교육

필자가 생각하기에 교육에 대한 아리스토텔레스식의 질문은 다음과 같다. 이제까지 분석해 왔듯이 폴리스는 다수多數성, 다 양성, 차이들로 특징지어졌으며 거기에 하부 공동체들까지 보 유하고 있다. 그 결과로 갈등은 필연적일 수밖에 없는데, 이것 이 어떻게 하면 전쟁으로 치닫지 않을 수 있을까? 이에 대해서 그도 폴리스 통합을 위한 가장 중요한 수단으로 공교육을 제시 한다. 물론 제도로서의 보편적인 공교육은 근대에 와서 생겨 났다. 그러나 공교육의 이념은 아리스토텔레스도 가지고 있었 다. 그런데 '특히 근대 이래의' 국가가 시행하는 공교육에 대해 서 이는 결국 통치 이데올로기가 아니냐는 질문이 나올 수밖에 없다.

국가가 공교육을 통해서 시민들을 개미굴의 일개미처럼 만들고 또한 자본주의는 생산자와 소비자로 만든다는 비판은 통렬하다. 푸코식으로 말해서 장난꾸러기 '아이'들에게 40분 동안 집중해서 학교에서 제공하는 이념을 받아들이도록 하여 '학생'으로 만드는 것이 학교권력이다. 그러므로 자유주의는 공교육으로부터 어떠한 종교적, 도덕적 이념도 배제하려고 노력한다. 개개인의 가치와 자기 삶의 목표 선택은 자신이 정해야만 하고 그것이 자유이다. 그러나 푸코는 이러한 자유주의적 자유가 오히려 권력이 시민을 경제적 인간*homo economicus*으로 변형시키기 위한 길을 마련하였다고 비판한다. 아리스토텔레스의 공교육 이념은 일개미를 만드는 것과 아주 다른, 공적 영역 즉 정치에의 초대다.

아리스토텔레스에게도 공교육의 목표는 역시 폴리스의 통합이다. 그러나 폴리스가 '하나' 되는 것에는 어떤 한계를 정해 두어야 한다(II, 5, 78). 만약 그 한계를 지나쳐서 개미굴이나 전체주의 같은 것이 된다면 폴리스는 더 이상 폴리스가 아니거나 아니면 열등하게 된다. 왜냐하면 폴리스는 그 본성상 다수성, 다양성, 차이이고 그 이외에도 다양한 하부 공동체들을 포함하고 있기 때문이다. 이 다수성을 포섭하는 폴리스의 '하나'는 비유컨대 하나의 음만이 반복되는 것이 아니라 오히려 다양한 음들이 서로 갈등하면서도 어울려지는 음악과 같다. 그러므로 다수성인 폴리스는 교육*paideia*에 의해서 공동체도 되고 하나도 되어야 한다.

즉 교육의 목표는 단순한 통합이 아니라, **다양성과 갈등을 포함한 통합**이 목표이다. 이 목표는 폴리스의 자족*autarkeia*의 이상과 연결된다(II, 2, 67). 플라톤이나 현대의 더 과격한 국가주의자나 전체주의자가 생각하는 통합/하나는 아리스토텔레스가 생각하기에 폴리스의 선*agathon*이 아니다. 왜냐하면 어떤 사물의 선은 그것을 보전하는*sōzei* 것이어야 하는데 그런 '하나'는 그 본질이 자족인 폴리스를 파괴하거나 더 나쁘게 만들기 때문이다.

그리스어 교육*paideia*은 인간의 가능성을 충분히 개화시킨다 (독일어로 교육을 의미하는 Bindlung과 유사하다)고 하는 이념을 가지고 있다. 그래서 근대의 인도주의적 교육관과 비슷한 요소가 많다. 인간은 비록 특정한 본성*physis*을 가지고 태어나지만 그것은 다만 가능성*dynamis*일 뿐이다. 그리고 이 가능성을 개화시키는 인간의 능력, 인간의 기술*technē*이 교육이다. 본성 중에서 어떤 본성은 저절로 개화되는 데에 반해서 인간다움의 주요 특질들은 기술의 도움으로 개화되기 때문이다.

이때 교육의 역할은 윤리적 측면과 정치적 측면을 모두 가지고 있다. 물론 아리스토텔레스는 이 둘을 동일하게 생각하지만 우리가 보기에는 분명히 서로 다른 측면이 있다. 한편으로 교육은 윤리적 측면에서 실존적 태도*bios* 선택, 자발적이고 합리적 결정*prohairesis*, 오랜 훈련으로 얻어진 훌륭한 인격*aretē ēthikē*(문자적으로는 성격적 탁월성)과 실천적/윤리적 통찰력*phronēsis*을 연마하고 개화한다는 과제를 가진다. 다른 한편 정치적 측면에서는 인간적으로 탁월하게 지배하고 지배받을 수 있는 능력이 있고*dynamenos* 또한 기꺼이 그러기로 선택하는*prohairoumenos* 시민이 되는 것은 단지 교육에 의해서만 성취될 수 있다.

제대로 훈련된 사람에게는 "그의 탁월성을*tēn aretēn* 통해서 *dia* [그에게] 선한 것들*agatha*은 단적으로 선한 것들*ta haplōs agatha*이다"(VII, 13, 403). 이는 우리가 듣기에는 공허한 결론이다. 최상의 자질에 교육이 최상으로 이루어져서 달성된 사람의 특징이 겨우 '그가 좋다고 여기는 것이 단적으로 좋다'라는 것뿐이라니! 그러나 이 점이 그의 윤리학, 정치학, 교육학의 특징이다. 사람들은 흔히 좋은 것을 찾지만 나중에는 후회하는 경우가 많다. 그러나 제대로 교육받은 사람은 평상시 그의 선택이 제대로 좋은 것에 적중하기 때문에 그의 삶은 후회가 적고 남부끄럽지 않게 된다. 그래서 그는 행복한 사람이다. 그리고 아리스토텔레스에게는 우선 윤리학과 정치학이 통합되어 있기에 윤리학과 정치학은 같이 간다. 그래서 올바로 배운 사람은 사회적으로도 명망을 얻게 마련이다. 또한 그는 현대인과는 달리 '무엇이 윤리적이고 정치적으로 올바른 것이냐'라고 묻는 대신에 '어떠한 사람이 그렇게 할 수 있느냐'라고 묻는다. 즉 그는 '올바른 것' 대신에 '올바른 사람'을 묻는 것이다. 윤리학 공식을 가르치는 것이 아니라 사람을 실제로 올바르게 길러 내는 것이 교육이다.

근대에는 영미의 공리주의와 대륙의 의무론이 '올바른 것이 무엇인가' 하는 문제로 싸움을 벌여 왔다. 그러나 아리스토텔레스에 따르면 두 입장 모두가 불충분하다. 왜냐하면 올바르지 않은 사람은 무엇이 올바른지에 대해서 제대로 판단할 능력이 없기 때문이다. 설혹 누군가가 그것을 말해 줘도 알아들을 자세가 되어 있지 않기 때문에 올바른 것이 무엇인지를 제대로 판단하기 위해서라도 우선 올바른 사람이 될 필요가 있다.

그러므로 윤리적이고 정치적으로 올바른 것은 단지 윤리적이고 정치적으로 올바른 사람만이 수행할 능력이 있으며 평소에 행동하는 것이고 즐겨 추구하는 것이 바로 올바른 것이다(『니코마코스 윤리학』 V, 1, 159 참고). 그는 좋은 자질을 타고났을 뿐아니라, 이미 오랜 기간 동안 제대로 된 훈련을 받았고 실천을해 왔기 때문에 드디어 개인적으로든 시민으로서든 올바른 것만을 실천*praxis*하고 욕구*orexis*한다. 마치 제대로 훈련받은 의사가 환자의 건강을 위해 일하며 그것을 욕구하는 것처럼.

현재 우리는 악한 통치자가 들어설 것을 두려워하여 민주제도를 통해서 쫓아낼 수 있는 권리를 확보하고자 한다. 그러나아리스토텔레스는 제대로 정치하고자 하는 젊은이들에게 헌법공부를 시키라고 충고한다. 왜냐하면 어떠한 통치자라도 법률*nomos*로 교육되면*pepaideumenos* 공평하게/고귀하게*kalōs* 판단하게될 것이기 때문이다(III, 16, 190).

또 우리는 너무 자주 '아무리 잘 투표해도 그가 어떨지는 보장할 수 없다'라고 회의하기 때문에 정치적 무관심에 빠진다.이에 반해서 아리스토텔레스는 **투표란 시민에게는 작은 일에 불**

과하고 그보다는 공평하게/고귀하게 지배하고 지배받기도 할 능력과 자세를 갖추는 것이 더 중요하다고 충고한다. 특히 법률이 시민교육의 중요한 수단 중 하나라는 사실은 인상적이다. 이 점은 우리가 2016년 말부터 2017년 초까지 이루어진 촛불혁명을 통해서 깨닫게 된 사실과도 관련이 있다. 그것은 헌법을 법대생들에게만 맡길 것이 아니라, 민주 시민이라면 누구라도 헌법을 공부해야 하며 그래야 시민의 권리가 무엇인지 알 수 있다는 것이다. 그래서 많은 시민들이 이 시기에 헌법 책들을 사서 읽었다. 이런 행동은 대단히 아리스토텔레스적이다.

　이어서 아리스토텔레스가 생각하는 교육의 내용으로 넘어가 보자. 당시에는 비록 소피스트들이 사교육과 비슷한 것을 하기는 했지만, 주류는 역시 공교육이었다. 플라톤과 아리스토텔레스는 사교육에 대해서 비판적이며 폴리스가 주도하는 공교육을 추천한다(VIII, 2, 427-428). 아리스토텔레스는 당시에 사람들이 ① 삶에 유용한 것들chrēsima, ② 인간의 윤리적이고 정치적인 탁월성을 신장시켜 주는 것들teinonta pros aretēn, ③ 선도적인 혹은 특이한 것들[=지식이나 학문]perrita의 세 가지를 가르친다는 점을 알고 있었다.

그는 그중에서 ①과 ③은 시민으로서의 인격을 해치지 않는 한도로 제한을 가해서 가르쳐야 한다고 주장하지만 ②는 전적으로 추천한다. 이것은 한편으로 보자면 생산직에 대한 귀족주의자의 멸시로부터 인한 것도 있다. 또한 다른 한편으로는 당시의 생산력이 아직 낮아서 ─아렌트의 표현을 빌자면─ 노동과 작업이 인간의 세계를 전적으로 바꿔 놓지도 못했기 때문일 수도 있다. 하지만 현대에서 ②는 대학에서조차 관심이 없고 ①과 ③만이 교육의 대상으로 집중 조명된다.

이러한 현실은 우려스럽다. 교육이 산업과 생산에 필요한 역군을 길러 내는 데에만 쓰이고 제대로 된 인간이 되고 제대로 된 시민이 되는 문제에는 무관심해도 되는지는 정말 의문이기 때문이다. 우리의 운명은 일반적으로 그리고 주로 우리가 그 속에서 살고 있는 국가가 어떠한가에 달려 있다(이하의 논의는 VII, 13, 403-404 참고). 그런데 "폴리스가 탁월하다*spoudaia*[43]면 그

---

43 이 단어 *spoudaia*를 한글본에서는 "훌륭해지는"으로 영어에는 "virtuous(덕스러운)"로 독일어에도 비슷하게 "tugendhaft(덕스러운)"로 번역해서 윤리적 의미를 강조하고 있다. 그러나 필자는 여기서 기능적인 느낌도 같이 들어있다고 믿기에 이 단어를 *agathē*와 비슷하게 윤리적이면서도 기능적으로도 들리게 번역한다.

것은 행운의 결과tychēs ergon가 결코 아니다. 그것은 오히려 인식epistēmēs과 결정의prohaireseōs 업적이다. 그런데 폴리스가 탁월해지는 것은 그 정체에 참여하는 시민들이 탁월해짐을 통해서 이루어진다." 이것은 당연히 제대로 된 교육을 통해서만 성취될 수 있다.

즉 우리나라의 운명은 운의 문제가 아니라 우리 시민의 문제이다. 우리가 무엇을 알고 있으며 늘 어떠한 방식의 결정을 하고 있는지가 나라의 운명을 좌우한다. 우리의 인식과 선택은 우리의 일상적인 존재 방식에 의해서 결정된다. 그리고 우리가 어떠한 존재가 되는지는 우리 자신의 "천성적 자질physis과 [후천적인] 습관ethos과 이성logos"에 의해서 결정된다. 우리의 존재는 —우리에게는 조금 귀족주의적으로 들릴 수는 있겠지만— 이미 생래적으로 주어진 자질과 —교육을 통해서 이 자질이 계발되어 가는 과정이라 할 수 있는— 매일 매일의 습관과 —인간 고유의 능력이라 할 수 있는— 이성에 달려 있다.

롤스의 견해처럼 우리의 자질은 —다른 여러 가지 사회적 조건들과 마찬가지로— 불공정하다. 그러나 그 자질은 우리가 어떠한 교육을 받으며 어떻게 살아가는가에 따라 —물론 한계가 없는 것은 아니지만— 변화하기도 한다. 이보다 더 자신의 선택에 달린 문제는 이성의 사용이다. 여기서 이성은 베버가 생각하는 것처럼 계산이나 과학적, 기술적, 경제적 이성이나 목적 합리성이 아니라 훨씬 폭넓은, 자신의 목적 자체를 근본적으로 다시 생각해 볼 수 있는 능력이다. 어떤 경우에는 시대를 거스르기도 해야 한다.

현대를 살아가는 사람들에겐 안정적인 직장과 생활이라는 것이 이미 목적으로 정해져 있다. 그러나 우리는 —인간 고유의 능력인 이성을 사용하여— 다시 한번 자문해 볼 필요가 있다. 과연 그것은 인간다운 삶일까? 안전과 안정이라는 화두는 인간을 개미굴의 개미로 만들지는 않을까? 물론 이성도 사용하지 않거나 잘못 사용하면 잠들어 있거나 이해타산에만 따르는 합리성으로 축소될 수도 있다. 그렇다면 이제 우리에게 "남은 과제ergon는 교육의paideias 과제이다. 왜냐하면 사람은 한편에서 습관을 통해서ethizomenoi 그리고 다른 한편 [가르침을]들음을 통해서akouontes 배우기 때문이다."

마지막으로 아리스토텔레스의 교육에서 특이한 요소 하나를 소개하여야 한다. 그는 교육을 위해서 "자기 고유의 시간scholē, die eigene Zeit"을 요구한다.[44] 우리는 보통 그리스어 *scholē*를 여가로 번역하지만, 이 우리말 '여가'는 오해를 불러일으키기 쉽다. 우리는 할 일이 없이 남는 시간을 여가라고 부른다. 또한 산업이 발달하여 여가 시간이 늘어나자 사람들이 종종 이 시간을 어떻게 '때워야 할지' 모르기에 기업이 끼어들어서 여가 산업이 파생되기도 하였다.

그러나 아리스토텔레스에게 *scholē*는 할 일이 없어서 빈둥거리는 시간이 아니다. 오히려 흔히 활동이 아니라고 여기기 쉬운 행복*eudaimonia*이나 관조*theōria*와 마찬가지로 *scholē*도 역시 "역동적인 활동"[45]이다. 그래서 필자는 이를 치열하게 고민하는 '자기 고유의 시간'으로 번역하고자 한다. 아리스토텔레스는 생산 활동으로부터 '자유로운' '자기 고유의 시간'을 가질 것을 요청한다(II, 9, 103-104). 당시의 열악한 생산력을 생각하면 자기 시간을 확보하는 것은 결코 쉬운 일이 아니었다. 그렇지만 아리스토텔레스에 따르면 군사적 성격이 강했던 스파르타는 전

---

44 Ingemar Düring, *Aristoteles*, Heidelberg, 1966, 481쪽. 그리고 이 이하의 논의는 481-486쪽을 참고하였다.

45 Ingemar Düring의 앞의 책, 482쪽.

쟁에는 탁월했으나 평화가 찾아오자 '자기만의 시간을 활용할 *scholazein*' 줄 몰라서 멸망하고 말았다(II, 9, 111-112). 평화기의 여유를 치열한 성찰 대신에 '시간 죽이기'로 허비하고 만 것이다.

그렇기에 생산 활동이나 군사 활동에 모든 시간을 다 소진하거나 남는 시간을 ―현대 같으면 여가 산업에 편승해서― 제대로 활용할 줄 모른다면 아주 위험하다. "왜냐하면 탁월성이 생겨나기*tēn genesin tēs aretēs* 위해서 뿐 아니라 정치적인 것을 실천하기*tas praxeis tas politikas* 위해서도 '자기만의 시간*scholē*'이 필수적이기 때문이다"(VII, 9, 389). '자기 고유의 시간'은 쉬는 시간이 아니다.

오히려 그것은 인간 고유의 탁월성을 기르고 정치적 삶을 준비하는, '활동'의 시간이다. 왜냐하면 정치적 삶을 살기 위해서는 인간 고유의 탁월성을 계발해야 하며 인간 고유의 탁월성은 다른 직업적 능력들과 마찬가지로 인간이 원래 가지고 태어나는 것이 아니라, 단지 교육을 통해서만 계발될 수 있기 때문이다.

이를 위해서 시간이 필요한 것은 당연하다. 또한 ―현대의 직업적인 정치가라면 몰라도― 정치적 활동을 위해서도 자기만의 시간이 필요하다. 현대에는 비록 생산력의 증대로 말미암아 시간적 여유가 많아졌지만 공적인 참여를 위한 준비 시간이나 실제로 여기에 헌신하는 시간이 없기는 고대의 —귀족이 아닌, 생산 활동에 얽매여 있는— 일반인과 마찬가지다.

그리고 우리가 현재 시간이 없는 이유 중의 하나는 생산 활동이 너무 심한 스트레스를 주기 때문에 여가 시간을 스트레스 해소와 다음 생산 활동을 준비하는 시간으로 삼기 때문이다. 하지만 이것은 노동과 작업이 현대인을 노예처럼 만들고 있다는 증거이기도 하다. 이 점이 아리스토텔레스가 군사 활동이 전체 폴리스를 지배해 자기 고유의 시간을 갖지 못하고 시간을 쓸데없이 낭비하고 말았던 스파르타인들을 비난한 이유이다.

그의 기준에 따르면 경제 활동에만 얽매인 우리나 군사 활동에서 벗어나지 못했던 고대 스파르타인들이나 인간과 폴리스의 목적을 망각한 것처럼 보인다. "전체 삶은 노동과 자기 고유의 시간scholē 그리고 전쟁과 평화로 양분되며 활동도 역시 [생존에] 필수적이고 유용한 것과 고상한 것kalon으로 양분된다. … 사람은 평화를 위해서 전쟁을, 자기 고유의 시간scholē을 위해서 노동을 그리고 고상한 것kalon을 위해서 필수적이고 유용한 것을 선택한다"(VII, 14, 408).

이것을 읽으면 현대의 인간과 국가가 무언가 본말이 전도된 것처럼 느껴진다. 군사 활동은 평화를 위한 목적으로 경제 활동은 자기 고유의 시간을 목적으로 그리고 생존에 필수적이거나 유익한 활동은 고상함을 목적으로 이루어져야만 한다. 이 **고상함에의 열망**이 아리스토텔레스의 정치와 폴리스와 인간의 '목적'이다.

이러한 아리스토텔레스적인 윤리적이고 정치적인 교육이 없이 민주주의가 제대로 작동하기를 바라는 것은 전혀 가망이 없는 일이다. 정치하겠다는 사람도 그리고 그들을 투표할 사람도 직업적 교육만 받고 삶의 태도는 모두 개인에게 맡겨 놓는다면 입후보자도, 또한 그들 중의 하나를 선택할 사람도 모두 잘못된 근거 위에서 행동하게 될 것이다.

　이제까지 아리스토텔레스의 『정치학』을 해설하여 왔다. 그의 저작은 정치 자체를 주제로 하기보다는 폴리스와 인간을 주제로 하였지만, 우리에게 정치에 관해서 많은 통찰력을 던져 준다. 이런 의미에서 그는 우리로부터 시간과 공간적으로 멀리 떨어져서 고대 아테네라는 자신의 시대와 장소의 한계 안에서 살았지만, 또한 현재 여기에서 우리와 함께 서 있기도 하다. 필자는 그가 우리와 같이 철학하고 우리에게 말을 건네던 사람이라고 주장하고 싶다.

　그는 우선 이상주의자이다. 마치 현대의 아렌트가 슈미트Carl Schmitt 등에 대립되는 이상주의적인 정치학자인 것처럼 아리스토텔레스도 역시 한 사람의 이상주의적 정치학자이다. 그래서 그는 '자유롭고 평등한 시민들이 서로 번갈아 가며 지배하고 지배받는다'라는 이상이나 정치적 삶의 고상함*kalon*을 가지고 현대인들을 꾸짖는다. 왜냐하면 우리는 공적인 영역으로부터 사적이고 사회적인 영역으로 퇴각해 버렸기 때문이다. 그리고 생존에 필수적이고 그 이외에도 무척 유익한 경제 활동에 매몰되며 남는 시간에는 다음 경제 활동을 위한 준비나 아니면 취미 같은 사적이고 개인적인 사안에만 몰두하고 있기 때문이기도 하다. 아리스토텔레스는 이것보다는 더 가치 있는 목표가 개개인이나 국가 공동체에 존재한다고 역설하는 것이다.

그러나 한편으로 아리스토텔레스는 슈미트나 홉스 못지않은 현실주의자이기도 하다. 그는 무기를 든 불의는 무엇보다 더 무섭다든지 아니면 본성상 공적인 삶을 살 줄 모르는 사람은 어쩌면 전쟁에의 욕망에 사로잡혀 있는 것 같다고 주장했다. 또한 재산과 권력과 명예에 대해서는 인간들이 부러워하고 시기하고 싸우게 만드는 것이라고 밝힌다. 그러므로 그에게도 역시 권력의 배분은 아주 중요한 문제였다. 더욱이 이것들을 공정성에 따라 분배하라고 하지만, 완전한 '평등*ison*'이 아니면 안 된다고 주장하지는 않을 정도로 현실적이었다.

그는 우선 산술적 평등이 아니라, 공동체에 대한 기여도에 따른 '비례적' 평등을 주장했다. 그리고 기여도를 재는 척도에 대해서도 그는 윤리적, 정치적 탁월성을 선호하지만, 다른 사람들이 가문이나 부나 다수도 척도가 되어야 한다고 할 때 이것들도 함께 고려하였다. 그가 비록 고대인이기는 했지만 그는 가치의 다원성을 이미 알고 있었던 것이다. 그래서 자기가 선호하는 이상적 가치만을 강요할 생각을 하지는 않고 다른 현실적 가치들도 무시하지 않는다.

아리스토텔레스가 비록 가치의 다원성을 알고 있었지만, 근대 자유주의자들처럼 —끝없는 분란의 원천이 될 수 있는— 어떠한 가치를 선택해야 할 것인가 하는 문제를 개인의 일로 치부하고 말지는 않는다. 그는 시민들이 주로 쾌락과 자기 이익에 매진하지만 제대로 된 교육을 받아서 '자기만의 시간'을 가진다면 자신과 국가에 대해서 그 이상의 고민, 즉 '나나 우리 공동체가 과연 선한가, 과연 정의로운가'하고 자문을 할 능력을 가졌다는 점을 인지했던 것이다. 시민들이 경제적 동물이기도 하지만 그 이상을 열망하기도 하는 이중적 존재요, 자기 갈등적 존재이기도 하기 때문이다. 또한 인간의 언어도 단지 이득과 손해만을 따지는 능력 이상이다. 진정한 선과 악, 정의와 불의를 따져 묻는 도구이기도 하다.

또한 그는 본성상 다수인 폴리스가 폭력으로 끝나지 않기 위해서 공정한 분배에 의한 해결책 이외에도 우정과 교육을 처방할 줄도 알았다. 물론 공정성으로서의 정의는 형식상 모든 문제를 덮을 수도 있으나 실질적으로는 우정과 교육이 필요하다. 왜냐하면 분배로만 문제를 해결하기에는 단 하나의 완결적 기준을 찾기도 어렵고 또한 인간과 그가 처해 있는 현실이 너무 복잡다단하기 때문이다. 그는 정의를 보완하기 위해서 폴리스 내에서 함께 사는 시민들 사이의 사적인 친밀성을 중시했으며 또한 윤리적이고 정치적인 능력을 키우길 원했다. 이렇게 제도의 개선 못지않게 확립된 제도를 보완해 줄 시민들의 자질을 고민했던 것이다.

현대에는 국가이자 사회 속에 사적 영역과 공적 영역이 서로 뒤섞여 있어서 고대보다 훨씬 더 복잡해졌다. 또 우리 사회 안에는 다양한 계층들과 '수저'들이 함께 모여 살고 있기 때문에 선과 악 그리고 정의와 불의에 관해서는 언제나 대립할 뿐 합의에 도달하지 못한다. 그러나 아리스토텔레스는 우리 곁에서 서서 '그럼에도 불구하고 공적인 사안들의 선과 정의에 관해서 서로서로 말과 생각을 나누고 그 와중에 은연중에 자기 자신도 서로서로 제시해 보라'라고 우리를 격려한다. 꼭 국가적 차원에서만이 아니라 아주 좁은 차원에서라도 공적 사무에 참여하려는 고민들과 경험들이 대단히 중요하기 때문이다.

서로가 서로를 '소위 현실'로만 너무 끌어내리지 말고 '좋은 삶'과 고상함을 향해서 그리고 신적인 것을 향해서 상승하도록 격려하는 것이 정치적 삶이라고 주장하는 것도 그이다. 인간이란 단지 늑대이기만 한 것이 아니라 정치적 존재이기도 하기 때문이다. 물론 지배받을 뿐 아니라 직접적으로 공적 생활에 참여할 수 있는 기회와 능력이란 현대에는 아주 드물다. 그리고 그 때문에라도 그렇게 하기로 ―자발적이고 합리적으로― 선택하기는 더욱 어려운 것이 우리가 맞닥뜨린 현실이다. 그러나 열망과 희망은 현실이어서가 아니라 현실에 어떠한 목표 지점을 제시해 줄 수 있어서 가치 있는 것이 아닐까 생각해 본다. 그리고 희망과 열망은 동료 시민들과 함께 삶의 고통과 시름을 넘어서 전진하게 만들어 주는 추동력이 될 수 있으니 말이다.

이 책을 처음 시작했을 때 했던 질문은 '정치란 무엇인가' 그리고 '민주주의는 이상적인가'였다. 그러나 아렌트와 비교하자면 아리스토텔레스는 그렇게 '정치적'이지는 않았다. 그럼에도 그가 최초로 '자유롭고 평등한 시민들이 직접적으로 지배한다'고 하는 이상을 천명했다는 점에서 서구 최초의 정치적 사상가였음은 명백한 사실이다. 아쉽게도 그가 생각하는 공적 영역에 직접적인 참여를 현대에서 실현하는 것은 거의 불가능해 보인다. 이 점이 필자의 안타까움이다.

현대 시민은 정치에 참여하지 못하고 투표만 하며 입법, 행정, 사법 모든 권력으로부터 소외되어 있다. 여기서 시민이 할 수 있는 역할은 무엇인가? 더욱이 현대 교육은 시민을 모두 생산자와 소비자로 만든다. 더욱이 이러한 경향은 점점 더 심화되고 있는 것 같다. 그래서 우리는 시민이 아니라, 다만 경제적 인간일 뿐이다. 현재와 같은 교육제도하에서 민주주의가 가능하겠는가? 암담한 느낌이 든다. 그러나 고전을 읽는다고 하는 것이 현실의 모범답안을 훔쳐보는 것은 아닐 것이다. 오히려 —푸코의 철학 개념처럼— '현시대와는 다르게 사유하기' 위한 스케일과 깊이를 배우고 다시 한번 도전할 수 있는 열망에 공명하기 위한 노력으로 생각한다면 우리는 아리스토텔레스의 『정치학』을 읽어 볼 필요가 있다.

참고문헌

김홍중, 「사회로 변신한 신과 행위자의 가면을 쓴 메시야의 전투 — 아렌트
　　　의 사회적인 것을 중심으로」, 『한국사회학』 47(5), 2013.

나카시마 마사키, 김경원 번역, 『한나 아렌트 '인간의 조건'을 읽는 시간』,
　　　서울: 아르테, 2017.

맹자, 한상갑 번역, 『맹자·대학』, 서울: 삼성출판사, 1978.

샌델, 마이클, 이창신 번역, 『정의란 무엇인가』, 파주: 김영사, 2010.

아리스토텔레스, 이창우·김재홍·강상진 공역, 『니코마코스 윤리학』, 서
　　　울: 이제이북스, 2007.

＿＿＿＿＿＿＿, 천병희 번역, 『정치학』, 서울: 숲, 2009.

원준호, 「Max Weber의 관료제와 합리화에 대한 비판의 함의」, 『대한정치학
　　　회보』 제22집 4호, 2014.

유시민, 『국가란 무엇인가』, 파주: 돌베개, 2017.

주광순, 「아리스토텔레스의 정치학」, 『대동철학』 제34집, 2006.

＿＿＿, 「과학기술 사회에 대한 푸코의 비판적 입장」, 『대동철학』 제65집
　　　2013.

차용구·김정현, 「근대화 프로젝트와 중세국가 연구」, 『서양중세사 연구』
　　　제30호, 2012.

플라톤, 박종현 번역, 『국가』, 서울: 서광사, 1997.

회페, 오트프리트, 주광순 번역, 『우리 시대 철학자 아리스토텔레스』, 서울: 시와 진실, 2019.

Arendt, Hannah, *The Human Condition*, Chicago & London: The University of Chicago Press, 1998.

_____, *Was ist Politik?*, München, 2003, 53p.

Aristoteles, Franz Dirlmeier Hrsg., *Nikomachische Ethik*, Berlin, 1967.

_____, Eckart Schütrumpf, *Politik Buch II/III*, Darmstadt, 1991.

Düring, Ingemar, *Aristoteles*, Heidelberg, 1966.

Engi, Lorenz, "Was heißt Politik?," *Archives for Philosophy of Law and Social Philosophy*, Vol. 92, No. 2, 2006.

Weber, Max, *Wirtschaft und Gesellschaft* (5. Aufl.), Tübingen, 1972.

[세창명저산책]

세창명저산책은 현대 지성과 사상을 형성한 명저를 우리 지식인들의 손으로 풀어 쓴 해설서입니다.

001 들뢰즈의 『니체와 철학』 읽기 · 박찬국

002 칸트의 『판단력비판』 읽기 · 김광명

003 칸트의 『순수이성비판』 읽기 · 서정욱

004 에리히 프롬의 『소유냐 존재냐』 읽기 · 박찬국

005 랑시에르의 『무지한 스승』 읽기 · 주형일

006 『한비자』 읽기 · 황준연

007 칼 바르트의 『교회 교의학』 읽기 · 최종호

008 『논어』 읽기 · 박삼수

009 이오네스코의 『대머리 여가수』 읽기 · 김찬자

010 『만엽집』 읽기 · 강용자

011 미셸 푸코의 『안전, 영토, 인구』 읽기 · 강미라

012 애덤 스미스의 『국부론』 읽기 · 이근식

013 하이데거의 『존재와 시간』 읽기 · 박찬국

014 정약용의 『목민심서』 읽기 · 김봉남

015 이율곡의 『격몽요결』 읽기 · 이동인

016 『맹자』 읽기 · 김세환

017 쇼펜하우어의
　　『의지와 표상으로서의 세계』 읽기 · 김 진

018 『묵자』 읽기 · 박문현

019 토마스 아퀴나스의 『신학대전』 읽기 · 양명수

020 하이데거의
　　『형이상학이란 무엇인가』 읽기 · 김종엽

021 원효의 『금강삼매경론』 읽기 · 박태원

022 칸트의 『도덕형이상학 정초』 읽기 · 박찬구

023 왕양명의 『전습록』 읽기 · 김세정

024 『금강경』 · 『반야심경』 읽기 · 최기표

025 아우구스티누스의 『고백록』 읽기 · 문시영

026 네그리 · 하트의 『제국』 · 『다중』 · 『공통체』
　　읽기 · 윤수종

027 루쉰의 『아큐정전』 읽기 · 고점복

028 칼 포퍼의
　　『열린사회와 그 적들』 읽기 · 이한구

029 헤르만 헤세의 『유리알 유희』 읽기 · 김선형

030 칼 융의 『심리학과 종교』 읽기 · 김성민

031 존 롤즈의 『정의론』 읽기 · 홍성우

032 아우구스티누스의
　　『삼위일체론』 읽기 · 문시영

033 『베다』 읽기 · 이정호

034 제임스 조이스의
　　『젊은 예술가의 초상』 읽기 · 박윤기

035 사르트르의 『구토』 읽기 · 장근상

036 자크 라캉의 『세미나』 읽기 · 강응섭

037 칼 야스퍼스의
　　『위대한 철학자들』 읽기 · 정영도

038 바움가르텐의 『미학』 읽기 · 박민수

039 마르쿠제의 『일차원적 인간』 읽기 · 임채광

040 메를로-퐁티의 『지각현상학』 읽기 · 류의근

041 루소의 『에밀』 읽기 · 이기범

042 하버마스의
　　『공론장의 구조변동』 읽기 · 하상복

043 미셸 푸코의 『지식의 고고학』 읽기 · 허 경

044 칼 야스퍼스의 『니체와 기독교』 읽기 · 정영도

045 니체의 『도덕의 계보』 읽기 · 강용수

046 사르트르의
　　『문학이란 무엇인가』 읽기 · 변광배

047 『대학』 읽기 · 정해왕

048 『중용』 읽기 · 정해왕

049 하이데거의
　　「"신은 죽었다"는 니체의 말」 읽기 · 박찬국

050 스피노자의 『신학정치론』 읽기 · 최형익

051 폴 리쾨르의 『해석의 갈등』 읽기 · 양명수

052 『삼국사기』 읽기 · 이강래

053 『주역』 읽기 · 임형석

054 키르케고르의
　　『이것이냐 저것이냐』 읽기 · 이명곤

055 레비나스의 『존재와 다르게―본질의 저편』
　　읽기 · 김연숙

056 헤겔의 『정신현상학』 읽기 · 정미라

057 피터 싱어의 『실천윤리학』 읽기 · 김성동

058 칼뱅의 『기독교 강요』 읽기 · 박찬호

059 박경리의 『토지』 읽기 · 최유찬

060 미셸 푸코의 『광기의 역사』 읽기 · 허 경

061 보드리야르의 『소비의 사회』 읽기 · 배영달

062 셰익스피어의 『햄릿』 읽기 · 백승진

063 앨빈 토플러의 『제3의 물결』 읽기 · 조희원

064 질 들뢰즈의 『감각의 논리』 읽기 · 최영송

065 데리다의 『마르크스의 유령들』 읽기 · 김보현

066 테야르 드 샤르댕의 『인간현상』 읽기 · 김성동

067 스피노자의 『윤리학』 읽기 · 서정욱

068 마르크스의 『자본론』 읽기 · 최형익

069 가르시아 마르께스의
　　『백년의 고독』 읽기 · 조구호

070 프로이트의
　　『정신분석 입문 강의』 읽기 · 배학수

071 프로이트의 『꿈의 해석』 읽기 · 이경희

072 토머스 쿤의 『과학혁명의 구조』 읽기 · 곽영직

073 토마스 만의 『마법의 산』 읽기 · 윤순식

074 진수의 『삼국지』 나관중의 『삼국연의』
　　읽기 · 정지호

075 에리히 프롬의 『건전한 사회』 읽기 · 최흥순

076 아리스토텔레스의 『정치학』 읽기 · 주광순

· 세창명저산책은 계속 이어집니다.